번역은 연애와 같아서.

번역은 연애와 같아서.

[번역을 하고 가르치고 공부하며 사는 날들]

이상원 지음

황소자리

나는 번역을 하고 번역을 가르치고 번역을 공부하는 사람이다. 세 가지 활동은 서로 영향을 주고받는다. 번역이라는 지평의 세 측면을 이렇게 경험할 수 있다는 건 참으로 기막힌 행운이다.

여러 우연이 작용한 끝에 번역으로 밥벌이를 하고 번역으로 박사 학위를 받고 번역을 주제로 학생들이나 연구자들과 교류하게 되었다. 이 책은 그 과정에서 느끼고 생각한 바를 기록한 것이다. 번역을 하고 싶은 이에게는 번역이 어떤 일인지, 어떤 준비와 마음가짐이 필요한지 접할 기회가 되고 번역 현상을 관심 있게 지켜보는 이에게는 새로이 의견을 정리할 기회가 된다면 영광이겠다.

이 책을 구상한 지는 벌써 5년이 넘었다. 마감이 임박한 번역을 하느라, 번역 수업을 준비하느라, 번역 공부 모임이며 학회에 참석하느라 자꾸만 작업이 미뤄졌다. 머릿속 생각을 '번역해' 글로 풀어

내는 일이 편하고 쉬운 것은 아니어서 부담감에 제쳐두기도 했던 것 같다. 그 사이에 했던 경험들이 또다시 이 책에 녹아 들어갈 수 있었으니 헛된 시간만은 아니었다고 스스로 위로해 본다.

번역가로 나를 성장시켜 준 출판사 편집자들, 답은 없이 자꾸 문젯거리만 던지는 선생을 참아 준 번역 강의실의 학생들, 번역을 어떻게 가르쳐야 하는지 함께 고민하는 동료 선생님들, 끝이 보이지 않는 번역이라는 대상을 파헤치는 용감한 연구자들에게 감사한다.

번역을 계기로 만나 인생 동지가 되어 함께 걸어가고 있는 유리장 선배들인 이혜경, 유혜경, 장혜경, 유영미 님께 이 지면을 빌려 고마움을 전한다.

차례

2부 번역을 가르치다

3부 번역을 공부하다

1부

번역을 하다

번역하는 사람은 작업 시간 내내 홀로 텍스트와 씨름한다. 기한 내에 제대로 일을 끝내야 한다는 책임감에 짓눌리면서. 도저히 시간을 못 맞출 것 같다는 절망감을 해결해 주는 건 역설적이게도 딱 하나, 새로 계약하는 다음 번역 일이다. 그때부터는 절망감이고 뭐고 느껴볼 여유도 없이 달려 가야 해서 그렇다. 그럼에도 나는 번역이 충분히 매력적인 일이라고 생각한다.

'멋있는 일'과 '골 빠지는 일'
사이의 어딘가

"무슨 일 하세요?"

"번역하는 사람입니다."

이런 대화가 오가고 나면 십중팔구 상대는 "멋있는 일 하시네요."라고 말을 받는다. 왜 다들 그렇게 생각하는 걸까. 우아하게 서재에 앉아 커피잔을 손에 들고 책장 넘기는 모습, 출퇴근 부담 없이 마음 내킬 때 책상에 앉아 노트북 자판 두드리는 모습을 연상하는 모양이다.

반면 한 번이라도 번역을 경험해 본 몇몇 사람들은 내게 "그 골 빠지는 일을 뭐 좋다고 계속 하나요?"라고 반문한다. 그렇다. 그 표현 그대로 번역은 뼈 빠지는 육체노동은 아니라 해도 골 빠지는 고생임에는 분명하다.

뭐든 그렇지만 번역이라는 일에도 양지와 음지가 있다. 사람을 상대하는 일, 더욱이 마음에 들지 않는 사람을 마주 대하며 웃는 얼굴로 문제를 해결해야 하는 일에 비해 책을 상대하는 일은 덜 괴롭다. 출근 시간을 맞추느라 동동거리며 만원 버스나 지하철에 시달릴 필요도 없다. 이건 양지 쪽이다. 반면 고충을 털어놓고 서로 위로할 동료 하나 없이 일하는 작업 환경이나 번역 결과물에 오롯이 혼자 책임을 져야 한다는 크나큰 부담감, 출퇴근이 정해지지 않은 대신 하루 24시간이 온통 일하는 시간이 되고 만다는 것은 음지 쪽이다.

번역이 '멋있는 일'이라는 말을 들을 때면 혼자 피식 웃기도 한다. 아침에 일어나자마자 눈곱도 떼지 못한 채 컴퓨터 앞에 앉아 모니터와 책을 번갈아 쳐다보며 머리를 쥐어 뜯는 내 모습이 '멋'과는 거리가 한참 멀기 때문이다.

그래도 '멋있는 일'과 '골 빠지는 일' 사이의 어딘가에 번역을 놓는다면 나는 '멋있는 일'에 조금 더 가까운 위치를 선택할 것이다. 그리고 그렇기 때문에 1998년 이후 지금까지 계속 번역을 해왔을 테고.

번역은 끊임없이 공부하면서 살 수 있게 해주어서 멋있다. 번역 의뢰를 받고 새로 받은 책을 펼칠 때 나는 또 하나의 새로운 세상과 만난다. 그건 심리 세상일 수도, 역사 세상일 수도, 문학 세상일 수도, 경제 세상일 수도 있다. 나는 재빨리 새로운 세상의 규칙과 논리를 익히고 이해해야 한다. 낯선 개념이 나온다면 참고자료를 열심히 검색해 읽고 흐름을 따라잡아야 한다. IT가 화두일 때는 IT 관련 책을 번역하게 되고 진화심리학이 대세일 때는 또 그 분야의 책을 번역하게 되니 덤으로 세상 흐름까지 보게 된다.

책이 펼쳐내는 세상의 일반 규칙을 아는 것만으로는 부족하다. 내가 만나는 새로운 세상은 원서의 저자가 구성해 놓은 것이므로 저자의 사고와 견해를 고스란히 반영하고 있다. 그러니 나는 저자의 독특한 시각이나 의견이 무엇인지, 어떤 말버릇이 있는지 등에 익숙해져야 한다. 저자가 쓴 문장을 읽고 숨은 의도, 강조하고자 하는 부분까지 파악해 낼 수 있어야 한다. 이렇게 세상에 대한 공부가 사람에 대한 공부로 연결된다.

세상을 공부하고 사람을 공부하는 '멋있는 일'은 결국 '골 빠지는' 과정을 거쳐야 가능하다. 새로운 세상을 알려면, 저자의 머릿속을 들여다보려면 골 빠지게 검색하고 고민해야 하기 때문이다. '멋있는 일'과 '골 빠지는 일'은 대립하지 않고 공존한다. 그럼 이제 이렇게 바꿔 말해야 할까 보다. 번역은 골 빠지는 과정을 동반하는 멋있는 일이라고. 번역 일을 하는 사람들은 골 빠지는 과정보다는 멋있는 결과물을 더 크게 보는 모자란 족속이라고.

내가 하는 일은 '책' 번역

   내가 하는 번역은 외국어 도서를 한국어판으로 출판하려는 출판사의 의뢰를 받고 하는 일이다. 나는 전문 영역을 정하지 않고 문학, 인문교양서, 자기계발 등 여러 종류의 책을 번역한다.

   이 점을 꼭 밝혀야 하는 이유는 '번역'이라는 한 단어가 너무나 다양한 맥락을 지니고 있고 각 맥락에 위치한 번역가마다 서로 다른 나름의 기준으로 번역을 바라보기 때문이다. 고전 문학만 번역하는 사람과 계약서 등 기업 문서 번역에 특화된 사람이 바라보는 번역은 얼마나 다르겠는가.

   고전 문학 번역가는 문학가와 문학 작품에 크나큰 애정을 지녔을 가능성이 높다. 본래 작품의 의미나 아름다움을 어떻게 재현할 것인지가 일차적 관심사이다. 소명의식으로 또는 개인적 연구 열정으로 굳이 난해한 작품을 선택해 오랜 세월 동안 한 번역에 매

달리기도 한다. 반면 계약서 번역가는 최대한 정확하게, 혹시 일어날지 모르는 법적 분쟁에서 문제가 생기지 않게끔 두 언어로 된 문서 내용이 고스란히 일치하도록 옮기는 것을 목표로 삼는다. 계약서 작성 방식, 주로 쓰이는 전문용어 등도 충실히 공부해 번역에 반영해야 한다. 흔히 실무 번역이라 불리는 이 번역에는 신속성도 중요하다. 제시간에 번역문이 나오지 않으면 아무 소용이 없기 때문이다.

영화, 드라마, 게임에 자막을 입히기 위한 번역은 또 어떤가. 이 분야에 종사하는 번역가들은 화면 속 얼마 안 되는 공간에 필요한 내용을 축약해 집어 넣는 달인이 되어야 한다. 그러면서도 관객을 웃기고 울리는 효과까지 구현해야 한다. 이런 상황이니 원문 내용이나 표현을 그대로 살리기는 불가능에 가깝다. 한편 해외 뮤지컬의 한국 공연을 위해 번역 작업을 하는 사람은 멜로디에 맞춰 배우들이 자연스럽게 노래할 수 있도록, 그러면서도 효과적으로 내용이 전달되는 텍스트를 만들기 위해 고심한다.

이렇듯 각각의 맥락에서 일하는 번역가들은 번역 작업의 과정도, 번역의 목표도, 이상적으로 여기는 번역의 모습도 다를 수밖에 없다.

나는 주로 책 번역을 하는 사람이고 따라서 번역에 대한 생각, 번역을 가르치거나 공부하는 시각에도 자연히 그 경험이 반영된다.

따라서 다른 종류 번역에 더 익숙한 사람은 공감할 수 없는 의견을 내놓게 될 수도 있다.

책 번역의 가장 큰 특징은 출판사와의 공동 작업으로 진행된다는 것이다. 그 과정의 첫 단계는 출판사와 연락 주고받기이다. 번역하고 싶은 해외 도서를 출판해 줄 수 있는지 내가 먼저 연락하기도 하고 출판사 쪽에서 이러저러한 책을 번역 출간하기로 했는데 일정에 맞춰 작업해 줄 수 있는지 연락해 오기도 한다. 해외 도서를 검색하고 추적하는 적극성과 근면함이 부족한 탓에 내게는 전자보다는 후자의 경우가 훨씬 더 많다. 출판사의 연락을 받으면 일단 책에 대한 조사를 시작한다. 아마존 홈페이지에서 책 정보나 독자 서평을 읽어 보고 출판사에서 책이나 파일을 보내온 경우라면 구체적인 내용도 검토한다. 그 결과 충분히 흥미롭고 내가 해낼 만하다는 판단이 서면 번역을 맡기로 결정한다.

그 후에는 계약서를 쓴다. 일정도 합의하고 번역료도 합의해야 한다. 처음으로 같이 일하게 된 출판사라면 애초에 연락이 왔을 때부터 체면 불고하고 번역료 이야기를 먼저 꺼낸다. 전화로 처음 인사하는 상황에서 돈을 입에 올리는 일이 마음 편하지는 않다. 그래도 한참 이야기가 진전된 후 생각보다 적은 번역료에 마음이 상하거나 일 자체를 무산시켜 버리게 되는 것보다는 낫다.

책 번역의 주요 단계

	주요 일정	상세 내용
1	출판사와 연락 주고받기	번역할 책의 서지사항 및 작업조건 확인
2	내용 상세 검토 및 정보 찾기	원서 파일 검토. 해외 인터넷 사이트 통해 해당 도서 서평 및 독자 반응 확인하기
3	계약서 작성	작업 기한 및 출간 일정, 계약금 등 주요사항 꼼꼼히 확인한 뒤 출판사-번역자 간 계약서에 날인
4	번역 작업	대략 2~3개월에 걸쳐 한국어로 번역
5	역자 교정	출판사 편집부에서 3~4차례 교정·편집한 파일을 받은 후 내용 교정 및 원고 수정 상태 최종 확인
6	번역서 출간	번역서 증정본 수령. 국내 언론 서평 및 독자 반응 확인
7	번역료 정산	번역서 출간 후 1개월 이내에 계약금을 공제한 번역료 정산

책 한 권 번역하는 데 평균적으로 들이는 기간은 2~3개월이다. 긴 시간은 아니지만 어차피 집중과 몰입을 요구하는 것이 번역 작업이기에, 기간이 늘어난다고 해서 유리하지도 않다. 또 기간이 얼마가 걸리든 번역 분량을 기준으로 계산되는 보수를 생각하면 한 책을 붙잡고 너무 오래 시간 끄는 것은 번역가 입장에서 타산도 맞지 않는다.

번역 파일을 출판사에 보낸 후 잊어버릴 때쯤 되면 역자 교정지가 온다(과거에는 조판을 마친 출력지 뭉치가 우편으로 왔지만 요즘은 전자파일로 받게 된다). 출간 대기 중인 여러 원고들 사이에서 순서를 잡고 세 차례에 걸친 교정·교열 작업까지 하는 기간이 만만치 않다. 급히 출간하기 위해 서두른 경우라면 한 달에서 한 달 반, 순서가 밀리고 늦어지면 6개월 이상 걸리기도 한다.

역자 교정을 해 보낸 후 다시 기다리면 드디어 책이 나온다. 책이 나오고 나면 출판사는 홍보 등으로 분주해 제정신이 아니다. 이 때문에 많은 경우 나는 인터넷 서점을 통해 먼저 책 출간 소식을 접하곤 한다.

증정본 책이 우편으로 도착하고 한 달쯤 후에 계약금을 제외한 번역료가 입금된다. 번역가로서는 돈 계산을 조금 더 빠르게 해주면 좋을 텐데 지금의 관행은 출간 후 1개월 이내 정산이다. 여기까지 오면 그 책 한 권의 번역 과정은 일단 종료된다. 그 후에는 가끔 인터넷 서점을 들락거리며 독자들의 반응이나 판매량을 살피는 후속 작업이 따른다. 독자들이 번역에 대해 평하는 일이 종종 있기 때문이다. 도서 판매량은 인세가 아닌 매절 계약을 주로 하는 상황이므로 개인적 수입과 큰 상관이 없다. 그래도 내가 번역한 책을 얼마나 많은 독자가 읽어주는지 궁금해서 종종 확인하게 된다.

번역이 밥벌이가 된 사연

요즘 학생들은 중고교 시절, 심지어 초등학생일 때 책을 번역하고 출판하는 일까지 종종 있다지만 나는 대학생 때에야 처음으로 번역이라 부를 만한 일을 해보았다. 전공 수업에서 교재 일부를 번역하라는 숙제가 나온 것이다. 그 숙제를 내준 선생님의 의도는 아직도 모르겠다. 교재를 꼼꼼하게 읽도록 하기 위함이었을까. 학생마다 서로 다른 부분을 번역하도록 했던 것을 보면 영어 원서 교재의 1차 번역본을 만들려는 의도였는지도 모른다.

친한 친구 서넛이 우리 집에 모여 큰 상을 펴놓고 둘러앉아 번역 숙제를 했는데 어찌된 일인지 내가 1등으로 끝내고는 친구들이 고생하는 동안 딴짓하고 놀았던 기억이 난다. "넌 어떻게 그렇게 빨리 한 거야?"라는 부러움 섞인 질책도 받으면서 말이다.

그 다음으로 해본 번역은 가정대학 대학원을 다니던 1990년대 초반, 친구가 어디선가 받아온 아르바이트 일감이었다. 열 명 넘는 대학원생들이 영어 소설을 조각조각 나눠서 각자 맡은 분량을 번역했다. 내게 온 부분을 읽어 보니 앞뒤가 뚝 잘려 있어 무슨 얘긴지 파악하기 힘들었다. 설상가상으로 무기며 군사용어가 곳곳에 등장했다. 스파이 소설, 혹은 가상전쟁 소설이었던 모양이다. 인터넷 검색이 안 되던 시절이었고 억지로 되는 대로 작업할 수밖에 없었다. 그 번역들을 모아 편집한 친구 남동생이 흠씬 고생했다는 후일담을 전해 들으면서 몹시 미안했지만 맥락도, 참고자료도 없는 상황을 탓하며 그러려니 넘겨 버렸던 것 같다. 한때 우리 출판계를 휩쓸던 쪼개기 번역에 나도 한 번 참여했던 셈이다. 저작권이 제대로 보호되지 않던 시절, 무조건 빨리 번역서를 내야 하는 경쟁이 치열하던 상황에서 여러 명을 투입해 단기간에 뚝딱 끝내 버리는 그런 번역 말이다. 내 경험에서도 드러나듯 그런 번역의 품질은 엉망일 수밖에 없었다.

1990년대 중반, 통번역대학원에 다닐 때도 아르바이트 번역의 기회가 있었다. 저렴한 가격에 번역 일을 맡기고 싶은 이들이 졸업한 통번역사가 아닌, 재학생을 찾는 경우였다. 대학원 교학과에서 번역 의뢰를 받아 해당 전공 학생을 연결해 주는데 내가 받은 일은 러시아어 공연 브로슈어를 한국어로 옮기는 것이었다. 가수 소개, 프로그램 소개 등을 내 나름대로 열심히 번역해 넘겼는데 몇 주 뒤 우연히 다시 살펴보다가 화들짝 놀라고 말았다. 가수 이름이 잘

못되어 있었다. 흐보로스토프스키를 흐로보스토프스키로 썼던 것
이다. 긴 이름이라 처음에 한 번 쳐 넣고 그 후에는 그대로 복사 붙
여넣기를 한 것이 실수였다. 다른 건 몇 번씩 검토하면서도 이름
을 다시 살펴볼 생각은 하지 못했다. 훗날 세계 3대 바리톤 가수 중
한 명으로 꼽힐 만큼 유명해진 인물의 첫 내한 공연 브로슈어를 햇
병아리 번역사가 망칠 뻔 했는데 눈치를 보니 다행히 번역 납품 후
편집 과정에서 바로잡은 것 같았다. 남몰래 안도의 한숨을 내쉬었
다. 이 경험 때문에 인명, 지명 등 고유명사는 보고 또 보고 확인하
는 습관이 생겼다.

통번역대학원 2학년생이던 1997년, 나를 포함한 동기들은 졸업
시험만 합격하고 나면 통역사로 경력을 쌓게 될 것이라 기대했다.
그런데 시험 준비를 하던 중에 IMF 사태가 터졌다. 소련 붕괴 후
러시아 경제가 수렁에 빠지면서 모라토리움을 선언하고 IMF 금융
지원을 받게 된 상황에 대한 뉴스 보도를 바탕으로 실컷 통번역
연습을 해온 입장이어서인지 다름 아닌 우리나라가 그런 처지가
되었다는 게 더욱 충격적이었다. 졸업을 하고 보니 IMF 사태는 국
가 경제뿐 아니라 나 개인의 밥벌이에도 크나큰 영향을 미치고 있
었다. 통역 시장이 얼어붙고 만 것이다. 한국 기업들이 싼값에 팔
려 나가는 인수합병 협상에 동원되는 영어 통역사들만 바쁘다고
했다. 그 밖의 외교 통상 기업 분야, 특히 제 코가 석자여서 한국

에 별 도움이 되지 못하던 러시아를 상대로 한 교류는 모두 중단되었다.

프리랜서로 일하기 어려운 상황이 되자 함께 졸업한 동기들은 하나둘 취직을 했다. 정규직 신입을 아예 뽑지 않는 경제 위기 시절이라 다들 인턴으로 들어가야 했다. 나는 어떻게 해야 할지 몰랐다. 회사를 2년 휴직하고 학교에 온 것이었는데 그 상황에서 복직은 불가능했다. 감원 바람이 거센 와중에 휴직했던 직원을 받아 줄 여유 따위는 없었다. 그렇다고 퇴직하고 다른 곳에 취직할 엄두도 나지 않았다. 그러던 중 통번역대학원 졸업생 모임에 참석했는데 우연히도 옆자리에 앉은 선배가 책 번역을 오래 한 분이었다. 냉큼 나도 관심이 있다고 했더니 이후 그 선배가 여기저기 출판사에 소개를 해주었다. 선배의 인맥을 탄 덕분에 나는 어렵지 않게 출판 번역계에 안착했다. 그리고 1998년부터 지금까지 쉬지 않고 책 번역 작업을 해오고 있다.

출판 번역 시장에서 전공인 러시아어만 고집해서는 일감을 찾기가 쉽지 않다. 번역 수요가 가장 많은 언어는 영어였고 자연스럽게 나도 영어책 번역을 맡게 되었다. 지금까지 낸 번역서의 열 중 여덟아홉은 영어책인 것 같다. 전공도 아니면서 영어책 번역을 하느냐고 누가 따진다면 어떻게 답해야 할까. 영어를 전공하고 영어책 번역을 하는 번역가는 오히려 드물다고, 그리고 외국어에서 한국어로 번역하는 교육을 받았으니 해독 가능한 외국어는 처리할 수 있다고 하면 될까. 좀 궁색하긴 하다.

IMF 사태라는 거시적 상황, 그리고 개인적인 우연이 작용한 끝에 밥벌이가 된 출판 번역은 결과적으로 내 적성에 잘 맞는 일이었다. 계약서나 정관, 비즈니스 서신을 번역하는 것보다는 책을 다루는 일이 내게 훨씬 더 흥미로웠다. 물론 업무량 대비 보수는 책 번역 쪽이 형편없이 낮다. 대신 책 번역에는 다수 독자와 소통할 수 있고 내 이름이 밝혀진 번역으로 경력을 쌓아갈 수 있다는 강점이 있다.

굼벵이 속도를 견뎌내기

번역은 엉덩이 힘이라고들 말한다. 책상에 붙어 앉아 오랜 시간을 버텨내야 번역문이 나오는 것이다. 나도 십분 동의한다. 책 번역을 시작하여 끝내려면 매일 일정한 시간을 번역에 바쳐야 하니 말이다.

연구원이 되기 위해 면접을 볼 때 "번역을 많이 하셨네요. 주로 어느 시간에 번역을 하나요?"라는 질문을 받은 적이 있다. "시간 나는 대로 낮이든 밤이든 언제나 작업합니다."라고 답했더니 조금 놀라는 눈치였다. 아침이고 저녁이고 정해진 때 두세 시간 정도 일하고, 나머지 시간은 자유롭게 보내겠거니 생각한 모양이었다. 하지만 이런 식으로 일하는 번역가는 본 적이 없다. 다들 동원할 수 있는 시간이란 시간은 깡그리 모아 작업에 쏟아 넣으면서 일한다. 내 경우에는 수업을 준비하고 실제로 수업을 하는 시간, 사람들과 만나는 시간을 제외하면 전부 번역하는 시간이 된다(함께 사는 가족은 늘 머리 한쪽에 번역을 두고 마음이 바쁜 번역가를 견뎌내야 하는 고통을 겪는다. 내 남편도 지금의 체념 상태에 이르기까지 오랜 불평불만 시기를 거쳤다).

번역이 엉덩이 힘이 되는 또 다른 중요한 이유는 빨리 해치울 수 없는 일이라는 데 있다. 번역 속도는 굼벵이처럼 느릿느릿 진행되고 번역가는 질기게 붙어 앉아 그 시간을 견뎌내야 한다.

개인적으로 〈생활의 달인〉이라는 TV 프로그램을 즐겨 본다. 오랜 숙련 기간을 거쳐 기가 막히게 빠른 속도로 무언가를 만들고 정리하고 옮기는 재주꾼들이 자주 등장하는 프로그램이다. 그러면서 종종 생각한다. '번역가는 저기 출연할 수 없는 직종이야.'

번역을 시작한 지 어느새 20년이 훌쩍 넘었다. 그 세월 동안 만두를 빚었다면, 혹은 종이접기를 했다면 지금쯤 나도 초보자와는 비교도 할 수 없는 손놀림으로 빠르게 결과물을 만들어내지 않았을까. 하지만 애석하게도 번역은 경력에 비례해 속도가 빨라지지 못하는 종류의 작업이다.

새로 번역을 시작하는 책은 그 전 책과는 작가도, 주제도, 문체도 다르다. 새로 공부를 시작해야 한다. 작가가 펼쳐놓은 낯선 세상에 눈이 익고 그 세상에서 전개되는 이야기에 장단을 맞추기까지 한참 시간이 걸린다. 그 시간을 참아내야만 한다. 몇 시간이고 책

상에 앉아 씨름했는데 몇 쪽, 아니 몇 문장도 진도가 나가지 않는
다면 허탈하지 않을 수 없다. 계속 이런저런 검색 사이트를 드나들
며 참고자료를 찾고 생각을 정리하는 데 많은 시간을 써 버렸기 때
문이다.

한동안 굼벵이 속도로 나가다가 어느 순간 이후부터는 운 좋게
속도가 나는 경우도 있다. 책 속 세상 이야기에 내가 완전히 빠져
들고 나면, 그래서 다음 쪽 내용이 궁금해 못 견딜 지경이 되면 저
절로 손이 빨라진다. 특히 재미있는 소설이 그렇다. 중반을 넘어서
면서 가속도가 붙고 나면 가슴 아픈 장면에서는 눈물을 닦으며, 우
스운 장면에서는 낄낄거리면서 자판을 두드린다. 그러다 보면 마지
막 쪽에 도달한다.

하지만 애석하게도 이와는 다른 경우가 훨씬 더 많다. 텍스트는
마지막까지 호락호락하지 않다. 중반부에 갑자기 툭 튀어 나온 한
문장이 첫 쪽에서부터 차근차근 쌓아 온 책 속 세상을 뒤흔들기도
한다. '작가의 생각은 지금까지 내가 파악한 것과는 전혀 달랐던 걸
까? 어디서부터 잘못되었나? 혹시 작가가 이 문장에서 실수를 한
건가?' 의혹이 꼬리를 문다. 아니면 새로 찾아야 할 어휘들이 끝까
지 줄어들지 않기도 한다. 학명은 나오지만 일상 명칭은 무엇인지
도저히 찾아내지 못할 동물이나 식물들, 듣도 보도 못했던 낯선 문
화의 사물들, 특정 분야에서 통용되는 전문용어들⋯⋯. 별수없이

굼벵이 속도를 이어나가며 계속 찾고 고민해야 한다.

마감일이 하루하루 다가오는 상황에서 굼벵이 속도는 한층 더 괴롭다. 속이 타들어 간다. 하루에 10여 쪽은 나가야 기한에 맞출 것 같은데 작업은 엉금엉금 진행될 뿐이다. 이쯤 되면 번역은 마음 다스리는 수행이 된다. 초조한 마음을 어떻게든 다스리면서 의연하게 번역을 이어가야 한다. 한 걸음씩 내딛다 보면 결국은 종착점에 다다르리라는 것을 굳게 믿어야 한다. 그러므로 책 한 권 작업의 종결은 또 하나의 고통스러운 굼벵이 걸음, 또 하나의 마음 수행을 끝내는 것이다.

가장 힘들게 번역했던 책 《독서의 탄생》

대학생들 앞에서 번역과 번역학에 대해 한 시간쯤 이야기할 기회가 있었다. 그 후 질문을 받는데 "지금까지 번역하면서 가장 힘들었던 책이 무엇인가요?"라고 한 학생이 물어왔다. 어떤 책이든 누워서 떡 먹기로 번역해 낼 수는 없으며 책마다 나름의 어려움이 있다고 생각해온 탓에 스스로에게는 던져 본 적 없는 질문이었다. 잠시 생각하다가 《독서의 탄생》이라는 책 제목을 댔다.

그 책은 내 번역 역사상 제일 오래 붙들고 씨름했던 책이다. 1년 조금 넘게 걸렸던 것 같다. 학문적인 관심에서 공부 삼아 하는 번역이라면 1년 아니라 몇 년씩 걸리는 경우도 드물지 않지만, 밥벌이로 번역하는 사람이 1년을 매달렸다면 그야말로 딱 밥 굶을 상황이다.

그토록 오래 걸렸던 이유를 찾아보자면 '16세기부터 19세기까지 영국인들의 독서'라는 낯선 주제를 다룬 책이라는 게 첫 번째이다. 인명, 지명, 도서명, 역사적·사회문화적 배경지식 등등 찾아봐야 할 것이 끝없이 나왔다. 낯선 인·지명의 경우 적절한 한국어 음차를 정하기도 힘들었다. 라틴어로 된 책 이름을 어떻게 옮겨야 할지 구글을 헤매며 고민하는 시간도 퍽 길었다.

두 번째 이유는 저자의 글쓰기 방식이었다. 백과사전적 지식, 또 여러 인물의 경험이 불쑥불쑥 연결되는 식이어서 맥락이라는 걸 잡기 힘들었다. 1차 번역을 끝내고 검토와 수정을 할 때쯤에야 간신히 전체 그림이 보였으니 그 이전의 작업은 안개 속을 헤맨 셈이라고나 할까. 그러다 보니 가속도가 전혀 붙지 않았고 급한 성질에 극도의 인내심을 발휘해야 했다.

맥락을 잡기 힘드니 재미가 없고 속도까지 나지 않으니 계속 붙잡고 있기가 어려웠다. 며칠 손을 놓고 다른 일을 하다가 번역으로 돌아오면 앞서 번역해 둔 부분을 다시 읽으면서 흐름을 찾아야 해서 또다시 시간이 걸렸다. 이 책의 1장에 등장하는 16세기 영국 여성 베스 하드윅(1527~1608)의 일생은 아마 내가 그 무엇보다도 많이 반복해 읽은 텍스트가 아니었을까 싶다.

이렇게 힘겹게 번역하여 결국 출판된 책에 대해 어느 북칼럼니스트는 '누가 읽으려나? 안쓰럽다, 안쓰러워!'라는 평을 내놓았다(프레시안, 2011년 3월 4일자). 책에 관한 책을 사서 읽을 독자가 극히

《독서의 탄생》1장에 등장했던 16세기 영국 여성 베스 하드윅의 초상. 네 차례의 결혼을 통해 축적한 부와 넓은 인맥을 활용해 상류사회로 진입한 베스 하드윅은 엘리자베스 시대 건축의 백미로 꼽히는 뉴 하드윅 홀을 만들기도 했다. 그는 이 공간을 최상급 가구와 양장본 책들로 장식했다. 이 그림은 왕실 재무담당관 윌리엄 캐번디시 경과 재혼하여 살던 1550년대에 그려진 것으로 추정된다.

적은 상황에서 '누가 읽으라고' '얼마나 팔려고' 싶은 생각이 들어 지은이 혹은 출판사가 딱하게 여겨진다는 얘기였다. 이 서평을 읽고 허탈하기도 하고 출판사 재정이 걱정되기도 했다. 다행히 출판사 말로는 형편없는 적자는 아니었단다. 정말 다행이었다. 내가 고르고 선택한 책이 아니기에 망정이지 하마터면 출판사 매출에 대해서도 크나큰 책임감을 느껴야 할 뻔했다.

하지만 이 책이 내게 악몽으로만 남지는 않았다. 우선 오래 번역해서 그런지 더 많은 내용이 기억에 남아 있다.

번역은 그 무엇보다도 치밀한 글 읽기이다. 다른 어떤 글 읽기보다 더 많은 시간을 투자해야 한다. 하지만 요모조모 비교하고 궁리해 가며 열심히 읽고 번역했다 해도 그 모두가 머릿속에 남지는 못한다. 한 책을 번역할 때는 머릿속에 그 내용뿐이다가 끝내고 다음 책을 잡으면 새로운 내용이 그 자리를 고스란히 차지한다고나 할까. 신속하게 번역을 끝내 버린다면 당연히 망각도 더 빨리, 더 광범위하게 일어난다.

《독서의 탄생》에서 기억에 남는 내용은 오늘을 사는 내 경험과 연결되는 지점들이다. 예를 들어 도서관이 처음 등장하고 대출카드가 만들어지던 상황 설명이 그렇다. 그 부분을 읽고 번역하면서 나는 대학에 처음 입학했던 1987년에 폐가식으로 운영되던 학교 중앙도서관을 떠올렸다. 책을 직접 살펴보고 대출하는 것은 불가능했다. 로비에 늘어선 서랍장에 들어 있는 도서카드를 살펴보고 분류번호를 적어 제출한 다음 한두 시간 후에 다시 가서 사서가 찾아둔 책을 받아오는 방식이었다. 신입생이었던 나는 도서카드 내용을 제대로 읽어 내지 못해 읽을 수도 없는 외국어 책을 빌리기도 하고 예상보다 너무 크고 무거운 책이 나오면 들고 다니느라 쩔쩔매기도 했다(대출 도서는 최소 하루가 지나야 반납 가능했으므로 울며 겨자 먹기로 집에 가져 갈 수밖에 없었다).

책이라는 것이 상상하기 어려울 정도로 귀하고 비쌌던 시절, 인쇄된 종이 묶음 형태인 귀한 책을 어렵게 구한 후 전문가에게 맡겨 장정 작업까지 끝내야 서가에 꽂을 수 있던 시절, 옆면이 붙어 있는 책 본문을 전용 칼로 잘라가며 읽던 시절, 저택 안에 취향과 용도에 맞춘 도서실을 설계해 짓고 대대로 장서를 물려주던 시절, 상류층 여성이라도 설교집이나 기도서 외에 다른 책은 접하지 못했던 시절에 대한 서술은 새삼스러웠다. 책이 골칫거리 짐짝으로 여겨질 정도로 흔해진 시대에 나고 자라 결국 책 번역까지 하게 된 내 경험이 결코 당연하지 않은, 새로운 시대의 산물이었음을 새삼 깨닫는 기회였다.

편집자와 궁합 맞추기

책 번역을 할 때 꼭 만나게 되는 사람이 출판사 편집자이다. 남편 궁합, 시어머니 궁합, 직장인 엄마들에게는 도우미 아줌마 궁합 등 중요한 궁합이 많다지만 책 번역을 하는 사람한테는 편집자 궁합도 참 중요하다.

이건 편집자에게도 마찬가지인 모양이어서 편집자들끼리 번역가를 소개하는 일도 심심치 않다. 그래서인지 나는 번역 계약도 사장보다는 편집자와 만나 처리하곤 한다. 계약을 하면서 번역서가 어느 부류의 독자들을 겨냥하는지, 마케팅 포인트는 무엇인지 등등에 관해 대화를 나눈다. 이 때까지만 해도 분위기는 화기애애하다.

문제는 번역을 넘기고 편집자가 교정·교열을 하는 과정에서 발생한다. 대개 세 단계에 걸쳐 교정·교열이 이루어지고 두 번째나 세 번째 단계가 끝난 후 번역가에게 역자 교정 원고가 온다. 1차 편집이 끝나 진짜 책처럼 형태가 갖춰지고 쪽수도 매겨진 원고를 살펴보면서 편집자가 수정한 부분을 검토하는 작업이다. 역자 교정 원고가 올 때쯤 되면 번역가는 이미 다른 작업을 하고 있기가 쉽다. 예전 번역 내용이 머릿속에서 가물가물하다. 하지만 늘 그렇듯 출판사는 바쁜 일정에 쫓기기 때문에 길어야 일주일, 짧으면 사나흘 안에 원고를 검토해 줘야 한다. 이런 상황에서 만약 번역가가 동의할 수 없는 방향으로 원고 곳곳이 바뀌어 있다면 하나하나 고민하고 다시 수정하는 일이 보통 버겁지 않다.

내가 보냈던 번역문에 편집자가 수정한 부분만 붉은 펜으로 표시해 준다면 해당 부분만 중점적으로 보면서 지나갈 수 있으니 그나마 속도가 난다. 하지만 대부분의 경우는 깨끗하게 새로 뽑은 원고이다. 처음부터 끝까지 한 문장도 빼놓지 않고 읽어야 한다는 뜻이다. 조금 이상하다 싶으면 내가 보냈던 번역문을 찾아 비교하며 봐야 한다. 이렇게 전체를 살피려면 시간이 한정 없이 오래 걸린다. 교정지가 왔을 때 하고 있던 일을 일단 다 정지시켜야 하는 것은 물론이다.

전설적인 1세대 번역가들 중에는 번역 원고의 표현은 물론 구두점 하나 손 대지 못하게 한 경우도 있었다고 한다. 하지만 나는 편집자의 교정·교열 작업 자체가 못마땅하지는 않다. 한 사람이 보는 것보다는 두 사람이 보는 것이 여러모로 더 낫다. 내가 저지른 맞춤법이나 띄어쓰기 실수, 어색한 표현을 편집자가 수정해 주면 고맙기 짝이 없다. 원문 문장을 잘못 보거나 잘못 이해한 것을 콕 집어내 주는 유능한 편집자도 많다. 다만 그렇지 않은 경우도 종종 겪게 된다.

　두꺼운 소설책을 번역했을 때의 일이다. 출판사 사정으로 번역을 넘긴 지 근 1년 만에 출간 작업이 시작되었다. 편집을 담당하게 되었다는 직원이 전화를 걸어 왔을 때부터 예감이 좋지 않았다. 말투도 그렇고 통화하면서 옆 직원들에게 계속 묻고 확인하는 품새가 초보임이 분명했다. 얼마 후 역자 교정 원고를 보내겠다는 연락이 왔다. 분량상 많이 잘라내고 손질을 했으니 양해를 부탁한다고 했다. 알았다고 대답했다. 사실 소설 내용의 일부를 잘라내는 것부터 마음에 들지 않았다. 구조가 꽉 짜인 잘 쓰인 소설이어서 더욱 그랬다. 하지만 원고 조정과 삭제는 어디까지나 편집자의 결정 영역이므로 존중해 줘야 한다.

　그렇게 받게 된 원고의 역자 교정은 무한한 인내심을 요구했다. 우선 띄어쓰기와 맞춤법 오류가 횡행했다. 예를 들면 다음과 같다. 화살표 앞쪽이 납품 원고이고 뒤쪽이 역자 교정을 위해 보내 온 편집 후 원고이다.

　① 중독증세는 → 중독증상는
　② 라디오를 켜 놓을까? → 라디오를 킬까?

③ 자, 오늘의 봉투는 뭐지? → 오늘의 봉투는 멀까?

①의 경우 '증세'를 모두 '증상'으로 바꾸면서 조사를 변경하지 않은 실수였다. 바꿔넣기를 한 후 한 번 더 읽고 검토하는 과정을 생략한 것이다. ②와 ③의 경우는 편집자의 소양을 의심케 하는 맞춤법 오류였다. 나는 하나하나 모두 표시하고 수정할 수밖에 없었다.

더 나아가 편집자는 과감하게 내용을 바꿔 버리기도 했다. ④를 보면 누구 하나 평균에서 벗어나는 옷차림을 하지 않으려는 상황을 '게슈타포'라 은유하는 부분이 나오는데 편집자는 엉뚱하게도 이를 '나치의 정치경찰 차림'으로 바꿔 놓았다. 분량 때문에 원작 내용을 많이 잘라내야 한다고 했지만 이 사례를 보면 오히려 분량을 늘려놓았다.

④ 하지만 나는 일원으로 속하고 싶지 않다. 이유가 무엇이든 그 생각은 확고하다. 무리라는 것은 불편한 느낌이다. 인기를 누리는 것도 불편하다. 옷차림의 게슈타포를 벗어나고자 하는 것도 그 때문이다. 나름의 지하 저항 운동이라고나 할까.

→ 하지만 나는 그 패거리의 일원이 되고 싶지 않다. 이유가 무엇이든 그 생각은 확고하다. 패거리라는 것은 불편한 느낌이다. 인기를 누리는 것도 불편하다. 나치의 정치경찰 차림으로부터 내가 벗어나고자 하는 것도 그 때문이다. 나름의 언더그라운드 저항 운동이라고나 할까.

이런 식이었으니 그 역자 교정 과정이 얼마나 지난했겠는가. 나는 마치 편집자의 조수가 된 기분이었다.

편집자의 일솜씨 때문에 괴로워하는 일은 그 전후로도 여러 번 있었다. '윤문'이라는 명목으로 번역가로서는 받아들일 수 없는 수정이 가해진 후 번역가 이름을 달고 출간되는 일도 많다. 어쩌면 앞에 든 사례처럼 역자 교정이라도 거치면 양반이다. 그래도 한 번은 번역가 의견을 개진할 기회가 주어지는 셈이니까.

번역가와 궁합이 잘 맞는 편집자란 누구일까? 기본적으로 번역가의 능력을 신뢰하고 번역가의 의사결정을 최대한 존중해 주는 사람, 텍스트를 통찰력 있게 파악하고 문장을 다듬을 수 있는 사람이리라.

이런 편집자를 만나기 힘든 이유는 여러 가지이다. 우선 번역가들 자신의 잘못이 크다. 수준 이하의 번역 원고를 원문과 고통스럽게 비교하며 심지어 아예 다시 쓰는 작업까지 감수하는 편집자들이 적지 않다고 들었다. 이런 일을 여러 번 겪다 보면 번역문과 번역가를 존중하는 마음을 갖기 어려울 것이다. 출판사 편집자가 박봉과 격무에 시달리는 것도 문제이다. 이직이 잦고 경력을 쌓기도 어렵다. 갓 대학을 졸업한 초짜 직원이 곧바로 편집에 투입된다. 어느 정도 일이 손에 익는다 싶으면 독립해 나와 작은 출판사를 차려 사장이 되고 기획이니 마케팅이니 하는 경영 업무에 매달린다. 편집

작업은 다시 신입 초짜 직원들 차지로 떨어진다.

　해결책은 나도 모르겠다. 그저 한 번 똥 밟았다 싶으면 두 번 다시 그 편집자와는(혹은 그 출판사와는) 작업하지 않는 식으로 개인적인 살길을 도모할 뿐이다.

번역으로 얼마나 벌까?

〈베토벤 바이러스〉라는 드라마를 볼 때였다. 큰 북 연주자를 보면서 "너희는 좋겠다. 한 번 칠 때 천 원, 만 원 하는데 우리는 한 번 긁을 때 백 원, 이백 원이잖아."라고 말하는 바이올린 연주자 대사를 들으며 한참 웃었다. '나는 자판 한 번 두드릴 때 일 원, 이 원 벌어.'라고 생각하면서.

자유업이니 부업이니 해서 번역에 대한 관심이 꾸준하지만 책 번역을 해서 부자 되기는 어렵다. 번역은 한 글자 한 글자 쳐낸 결과를 기준으로 보수를 받는 일이다. 한 사람이 쓸 수 있는 시간과 에너지가 한정되어 있으니 생산량이 월등히 높아지는 일은 없다. 번역료 단가가 꾸준히 높아지면 그래도 괜찮을 텐데 그렇지도 못하다. 출판 시장은 늘 어렵고 출판사 상황은 더욱 어렵단다. 그래서 번역료 단가는 내가 처음 일을 시작한 1998년과 비교해 그저 몇백 원 찔끔 올랐을 뿐이다.

여기저기서 듣고 또 경험한 바에 따르면 영한 번역의 경우 현재 출판사에서 매절로 지급하는 번역료는 평균 잡아 원고지 1매당 3,000원에서 4,000원 사이인 것 같다. 흔히 보는 그리 두껍지 않은 단행본 한 권이 평균 1,200매 정도 나온다. 그렇다면 단행본 한 권의 번역료가 360만 원에서 420만 원 사이가 된다. 개개 번역자별로 차이는 있겠지만 단행본 한 권을 번역하는 데 두 달 정도 시간이 걸린다고 보면 월 200만 원 안팎의 수입을 올리는 셈이다. 인건비 말고는 따로 들어가는 비용이 없으니 괜찮은 거 아니냐고 할 수도 있고 골 빠지는 작업에 비하면 형편없이 낮다고 말하기도 한다.

번역을 처음 시작하던 무렵에는 번역료 협상이 참으로 어렵게 느껴졌다. 번역가로 산 지 20년이 훌쩍 넘은 지금까지도 부담감이 완전히 사라지지는 않았다. 출판사에서 번역 의뢰 전화를 할 때면 일단 이러저러한 책을 번역해 볼 의사가 있는지, 출판사에서 예정하고 있는 출간일을 맞춰 줄 수 있는지 확인한 다음 번역료 얘기가 나온다. 당연한 일이지만 출판사에서는 100원이라도 낮추려 하고 나는 100원이라도 올리려 기 싸움을 한다. 대부분의 협상이 그렇듯 중간선에서 타결된다.

번역료 때문에 결국 작업을 고사한 적도 있다. 중간선에서 타협이 되지 않고 출판사에서 굳이 처음 제시한 액수를 고집한 것이다.

처음 함께하는 일이니 자기들 기준에 맞춰서 하고 다음부터는 생각해 주겠다는 둥 달래는 말을 하더니 나중에는 '고작 몇백 원 때문에 그러느냐'고 원망을 했다. 자기들도 끝내 고작 몇백 원을 양보 안했으면서 말이다.

내가 지나치게 물질적인 성향인지는 몰라도 어떻든 내게 번역료는 번역 과정에서 쏟는 정성과 노력의 기준점이 된다. 성의 있는 대우를 받았다는 느낌으로 일하는 것과 헐값의 삯 노동이라는 기분은 얼마나 다른가. 본래 프리랜서들은 받는 대로 일하는 법이다. 받은 돈만큼 해주지 않는 건 비양심적이지만 받은 돈의 몇 갑절로 해주는 것도 자기 값어치를 깎아 먹는 짓이다. 게다가 번역서 출판에서 번역은 얼마나 중요한 요소인가. 아무리 디자인이 예쁘고 종이 질이 좋아도 번역에 문제가 있다면 반쪽일 뿐이다. 그런데도 단가가 정해진 용지비, 인쇄비 등은 어쩔 수 없다며 번역료를 아껴 수익을 내려 하는 출판사들을 보면 안타깝다. 이 문제는 통역에서도 마찬가지다. 멋진 장소를 빌리고 유명한 연사를 모셔 오고 리셉션이니 만찬에 막대한 비용을 들이면서도 통역료는 어떻게든 아끼려든다. 출판이든 행사든 핵심은 의사소통인데 어째 핵심보다는 겉치레에 신경을 쓴다는 느낌이다.

이렇게 번역료 협상을 마치고 번역에 들어가 원고를 넘겼다 해도 바로 돈이 들어오지는 않는다. 번역을 시작할 때 계약금을 받고 책이 출간된 후 한두 달 뒤에 잔금을 받는다. 책이 제때 딱딱 나와 주면 괜찮은데 몇 개월, 길게는 몇 년씩 일정이 밀리기도 한다. 그러면 언제 번역료를 받을 수 있을지 계산이 안 서게 된다.

책이 나오긴 했는데 출판사가 어려워서 번역료를 토막토막 끊어 지급하는 상황도 벌어진다. 우수리 떼고 깎아 줘야 하는 일도 생긴다. 번역가는 결과물부터 다 넘겨 주고 손가락 빨며 출판사의 선처를 기다리는, 참으로 어처구니없이 취약한 직업이라고 투덜거렸는데 생각해 보니 집 수리업자니 납품업자니 하는 분들도 다 그렇다. 대금을 못 받아 부도 나는 건설 하도급 업체에 묘한 동병상련을 느끼는 순간이다.

일부 유명 번역가들은 '예외적으로' 높은 번역료를 받기도 한다지만 나를 포함해 대부분은 웬만큼 경력이 되어도 초보자와 별 차이 없는 단가를 적용받는다. 이 역시 번역으로 돈 벌기 어려운 이유가 된다.

번역서가 대대적인 베스트셀러가 되면서 떼돈을 벌었다는 번역가 이야기가 없지는 않다. 매절이 아닌 인세로 번역료를 받는 경우이다. 책이 팔리는 대로 인세가 들어오니 베스트셀러가 되면 상당한 번역료를 챙길 수 있다. 그렇지만 이런 상황은 극히 드물다. 우선 누구나 베스트셀러가 될 것으로 예상하는 책은 번역료 인세 계약이 어렵다. 출판사 입장에서는 당연히 매절로 비용을 털고 수익

률을 높이고 싶기 때문이다. 반대로 영 팔기 어려운 책이라면 출판사는 인세 계약을 해서 초기 자금 부담을 줄이려 한다. 이런 책을 인세 계약으로 번역했다가는 매절 번역료의 절반도 건지기 어려울 것이 뻔하므로 번역가는 매절 계약으로 위험부담을 줄이려 한다. 출판사와 번역가가 매절과 인세 사이에서 줄다리기를 하는 셈이다.

자 그렇다면 결론은? 번역은 큰돈 버는 일이 아니다. 돈만 바라보고 시작했다가는 낭패 보기 쉽다.

'옮긴이의 말'이라는 것

번역 원고를 넘기고 다른 작업에 들어가 이전 책의 내용이 가물가물해졌을 무렵 출판사에서 전화가 걸려온다. '옮긴이의 말'을 써 달라는 부탁이다. 친하게 지내는 번역가 선배들 중에는 '옮긴이의 말'이 정말 쓰기 싫다고 비명을 지르는 분도 있지만 난 그럭저럭 그 작업을 즐기는 편이다. 번역하면서 떠오르는 게 있으면 따로 메모해 두었다가 활용하기도 한다. 안 그러면 정작 '옮긴이의 말'을 써야 할 때 하나도 생각나지 않게 되니까.

여기서 번역가의 망각에 대해 살짝 덧붙여 두자. 번역서를 90권이나 냈으니 아는 게 정말 많겠다고 오해하는 사람들이 종종 있다. 하지만 실상은 전혀 다르다. 새로운 책을 번역하기 시작하면서 이전 책의 내용은 순식간에 잊어 버리기 때문이다. 새로운 책을 파악하고 새로운 저자에 익숙해지는 데 온 정신을 쏟다 보면 자연히 그렇게 된다. 번역가는 애정을 퍼붓다가 어느새 변심해 휙 돌아서 버리는 바람둥이인지도 모른다.

'옮긴이의 말'은 그 책을 먼저 읽고 나름의 방식으로 이해한 독자인 번역가가 다른 독자들과 나누는 소통이다. 번역가로서는 귀한 기회가 아닐 수 없다. 책을 읽으면서 들었던 생각들, 책 내용이나 저자와 관련된 간단한 평가 혹은 덧붙이고 싶은 정보, 번역하면서 중점을 두었던 부분, 양해를 구하고 싶은 점 등을 밝히게 된다.

2005년에 출판된 소설 《알리와 니노》에서 나는 다음과 같은 '옮긴이의 말'을 썼다.

이 소설은 아제르바이잔이라는 낯선 장소, 1910~1920년대라는 낯선 시간을 배경으로 하고 있다. 하지만 21세기의 한국 독자들에게 이 모든 것이 그저 낯설게만 여겨지지는 않았으면 한다. 이 소설의 바탕이 되는 이슬람 문화와 서구 문화의 충돌, 카프카스 지역의 민족 분쟁 등은 여전히 현재 진행형이기 때문이다.

테러범과 이슬람 교도가 동일시되는 요즈음, 우리 역시 이슬람이라고 하면 색안경부터 끼는 것이 아닌가 하는 두려움이 있다. 제대로 알지도 못하는 대상에 대해 무조건적인 미움이나 적대감을 가지는 것은 올바른 행동일 수 없으리라. 그런 의미에서 이 책은 이슬람 문화에 대한 창문 역할을 충분히 해낼 만하다. 우리는 이슬람 청년 알리 칸 시르반시르의 눈으로 세상을 바라보게 되고, 그 신앙이나 풍습, 사고방식 등과 접할 수 있다. 히잡으로 얼굴을 가린 여인에게서는 내면이 드러나지만 정작 얼굴을 훤히 드러낸 여인은 그렇지 못하다든가, 나이프와 포크보다는 손가락을 사용하는 것이 훨씬 더 우아하고 어려운 식사 방법이라든가 하는 흥미로운 사고방식과도 만나게 된다. (후략)

2001년 9·11 사태 이후 이슬람교도에 대한 편견이 팽배하던 상황이라는 점을 감안한 내용이었다. 이슬람교도 청년이 주인공으로 등장하는 이 소설을 번역하면서 나는 이슬람 문화와 사고에 대해 많이 배웠다. 그래서 독자들도 그러기를 바라는 마음으로 '옮긴이의 말'을 썼다. 책이 썩 잘 팔리지 못했으므로 나와 소통한 독자들은 사실 얼마 되지 않았지만.

개의 특성을 진화론과 동물행동학으로 설명하는 책《개에 대하여》를 번역하고 나서는 우리 집 개들 이름이 '옮긴이의 말'에 등장하기도 했다.

(전략) 옮긴이 역시 개와 함께 어울려 살고 있기 때문에 이 책의 작업이 더욱 각별했다. 늘 기쁨과 위로를 주는 우리 집 개들, 아미, 초롱이, 예쁜이, 아지에게 이 기회를 빌려 고마움을 전한다.

'옮긴이의 말'이 아니었다면 번역가가 개에 관심이 많다는 점을 어떻게 독자들에게 전달할 수 있었겠는가.

하지만 모든 책에 '옮긴이의 말'이 들어가는 것은 아니다. 번역가 대신 전문가의 추천사가 들어가는 경우도 많다. 특히 경제경영서나 처세·실용서가 그렇다. 대화법이라면 카운슬링 전문가가, 세일즈 기법이라면 세일즈 전문가가 책을 소개하는 것이 홍보와 판매에 더 도움이 된다고 한다. 그도 그럴 것 같다. 하지만 나중에 책이 출간된 후 추천사를 읽어 보았을 때 책의 핵심을 짚기보다는 자기 얘기로 일관하는 글을 보게 되면 조금 섭섭한 마음이 들기도 한다.

고전 문학 작품의 번역

지금까지 내가 번역해 온 90여 권 중에서 고전 문학, 즉 누구나 제목을 들으면 고개를 끄덕일 만큼 유명한 책은 열 손가락이 채 안 된다. 영역을 한정하지 않고 이 책, 저 책 작업하다 보니 이렇게 되기도 했지만 고전 문학 작품의 경우 출판사에서도 문학, 특히 해당 작가를 전공한 학자들에게 일을 맡기려는 경향이 강해 나 같은 잡식성 번역가에게는 돌아오는 몫이 별로 없다.

처음으로 번역하게 된 고전 문학 작품은 체호프 단편선이었다. 번역 일을 시작한 첫해, 그야말로 초짜 상태에서 작업을 했는데 번역을 할 때도, 책이 나온 이후에도 두려운 마음이 컸다. 감히 내가 건드릴 수 없는 대단한 작가라는 생각 때문이었다. 혹시라도 무언가 잘못 번역되었다고 누군가 지적하고 나설까 싶어 진땀이 났다. 작은 출판사에서 조용히 출간되어 소량이 팔려 나간 덕분인지 다행히 별 문제 없이 지나갔다.

　누구나 다 아는 작품이라면 그만큼 번역본도 많다. 이미 번역본이 대여섯 개, 심지어 열 개가 넘어가는 작품을 번역해 달라는 의뢰가 오면 의아한 생각이 들기도 한다. 굳이 새로 번역해야 하는 이유가 무엇일까? 출판사 입장에서는 저작권료 부담도 없고, 따로 홍보할 필요 없을 정도로 명성 높은 작품이므로 욕심을 낸다. 번역가 입장에서는 유명한 작품을 자기 언어로 풀어내 보는 일이 또 그만큼 매력적이다. 원전은 동일하지만 한국어는 끊임없이 변화하기 때문에 세월이 흐르면서 새로운 한국어로 새로운 번역본을 내야 할 필요가 생기기도 한다.

　내가 번역했던 고전 문학 작품은 모두 19세기 러시아 소설이었다. 한국의 서울에서 20세기 후반에 교육을 받고 21세기를 살고 있는 내게 19세기 러시아인들의 삶은 낯선 것투성이다. 모르는 용어며 관습이 속출한다. 19세기 러시아 문호가 등장인물의 옷차림이나 행동에 대해 설명할 경우, 19세기 독자들은 별도의 설명이 없더라도 그 인물이 어떤 신분이고, 어떤 특징을 지녔는지 바로 이해했을 것이다. 하지만 21세기의 서울에 사는 나는 자료를 뒤지고 상상력을 발휘해 그 숨은 뜻을 찾아내야 한다.

　19세기 러시아인들은 말을 타고 다닌다. 그런데 자동차와 달리 말은 일정 거리 이상은 달릴 수 없으므로 계속 바꿔 타야 한다. 귀족 청년이 집에 있는 말을 타고 출발하면 중간 역참에서 다른 말로 바꾸게 된다. 그쯤 되면 작품을 읽어 나가던 내 머릿속이 복잡해진다. 귀족 소유의 말은 어떻게 역참에서 집으로 돌아가는 것일까? 나중에 그 역참에 들르게 될 때 바꿔 타고 돌아가나? 그동안 재우고 먹인 보관료를 지불한 후에? 아니면 역참 일꾼이 말을 쉬게 한 후 집에 데려다주는 걸까? 청년이 타고 간 역참 소유의 말은 다음 역참에서 또 어떻게 본래 역참으로 돌아갈 수 있나? 역참들이 말을 공유하나? 그럼 특정 역참에 말이 하나도 남지 않는 상황이 발생하지 않을까…?

19세기 러시아 감옥을 묘사하는 장면에서는 '찌든 타르 냄새가 지독하다.'는 표현이 나온다. 타르 냄새는 왜 나는 걸까? 나무를 태워 난방을 하기 때문일까? 계급 사회였던 당시에 감옥까지 난방을 해주었을까? 겨울 날씨가 워낙 혹독하게 추우니 난방을 해줬을지도 모르지. 아니면 전염병을 막기 위한 소독의 의미일까? 알 수가 없다. 이럴 때는 인터넷 검색도 별 소용이 없다. 타르를 검색어로 넣으면 담배의 유해성 이야기만 잔뜩 나온다. 인터넷에 나오는 '지금 여기'의 정보는 '그때 거기'를 이해하는 데는 그리 도움이 되지 않는다.

다른 책 작업에는 원서와 인터넷이 연결된 컴퓨터만 있으면 되지만(요즘은 종이사전도 잘 안 쓰니 말이다) 고전 문학 작품을 번역할 때는 책상이 꽉 찬다. 원서와 함께 기존 한국어 번역본 두어 종도 함께 살펴야 하기 때문이다. 참고용으로 영어판 번역본도 가져다 둔다. 여러 차례 번역된 작품을 다시 번역하는 것이라면 기존 번역본들을 반드시 살펴야 한다는 것이 내 생각이다. 선배들의 번역에서 좋은 점은 배워 따르고 아쉬운 점은 보완, 수정한다. 내가 한 번역 역시 뒤따르는 다른 번역가가 참고하며 보완하게 될 것이다.

이렇게 하여 그 작품의 한국어 번역 역사가 만들어지게 된다. 이를 두고 베끼기니 표절이니 부를 수는 없다. 고전 작품을 번역하면서 기존 번역본을 아예 참고하지 않는다면 오히려 그게 죄악이자 게으름일 것이다.

출판되지 못한 번역들

힘들여 번역했지만 결국 책으로 나오지 못한 원고들이 있다. 번역료를 받지 못했다면 실컷 헛일한 셈이니 더없이 억울한 경우이고 번역료를 받았다 해도 출판으로 완결되지 못했으니 억울한 일이다. 출판을 위한 번역은 기업이나 정부의 문서 번역에 비해 보수가 훨씬 낮다. 나는 그 낮은 보수를 상쇄하는 것이 번역가의 이름이 찍힌 번역서라고 생각한다(문서 번역에는 번역가의 이름이 들어가지 않는 게 보통이다). 그러니 번역료를 받았더라도 출판되지 않았다면 번역가로서는 손해 보는 장사이다.

번역 일을 시작하고 다섯 번째 맡았던 책에서 그런 상황이 터졌다. 《리히터 10》이라는 공상과학 소설이었다. 무명작가의 작품이었지만 공상과학에 별 관심이 없던 나도 번역하면서 빠져들 만큼 내용이 재미있었다. 지진으로 부모를 잃은 소년이 자라 지진 연구의 권위자가 된다. 그는 땅속 깊숙한 곳에서 폭탄을 터뜨려 모든 대륙판을 다 붙여 버림으로써 지진 없는 세상을 만들겠다는 프로젝트를 추진한다. 하지만 한때 주인공의 동료였다가 연인을 빼앗긴 후 적으로 돌아선 사람이 이슬람 적대 진영에 투신하고 테러로 프로젝트를 무산시킨다. 결국 지구는 리히터 규모 10의 지진을 겪으며 완전히 파괴된다. 미리 달 기지로 피신한 사람들이 인류 역사를 이어 가는 것으로 소설은 끝이 난다.

원고지 2,000매가 넘는 장편이었다. 번역을 끝내고 보니 편집자와 연락이 닿지 않았다. 출판사가 부도 처리되어 사라졌다고 했다. 소송이라도 해야 했지만 엄두가 나지 않았다. 부도 난 출판사의 채권자가 한둘이 아닐 텐데 소송을 벌여봤자 돌아올 몫이 없어 보이기도 했다. 결국 그 일은 나 혼자 실컷 번역 연습한 꼴이 되어 버렸다. 즐겁게 소설 한 권 읽고 공부한 셈 치자고 포기했다. 나름대로 공부가 된 것은 맞았다. 1999년 당시 번역하면서 처음 접한 '쓰나미'라는 일본어 단어가 2004년 이후부터 온 사방에서 들려오기 시작했으니 말이다. 소설 속에서 일본의 한 섬을 삼켜 버린 'tsunami'라는 단어를 그때는 '지진 해일'이라고 번역했다. '쓰나미'가 아직 우리 말 어휘 속에 들어오기 전이기 때문이다.

그 다음에도 번역 원고가 출판되지 못하는 상황을 두 번 겪었다. 한 번은 선선히 번역료를 결제해 주었으나 아무리 기다려도 책이 출간되지 않은 경우였고 다른 한 번은 번역 완료 후 내용이 기대에 미치지 못한다며 출간을 포기하면서 번역료도 주지 않은 경우였다. 이 두 번째 경우는 출판사가 부도 난 것도 아니고 지금도 멀쩡히 영업을 계속하고 있다. 어차피 출간 안 할 책이니 번역료는 모르겠다는 식이다. 상대가 이렇게 나오면 번역가가 상대할 방법이 마땅치 않다. 출판사 사장실을 점거하고 신용카드를 받아내서 못 받은 번역료 액수만큼 필요한 물건을 구입해 긁은 후 돌려주었다는 용감한 번역가도 본 적 있긴 하지만 내게 그 정도 배짱은 없었다.

이렇게 골탕 먹은 적이 몇 번 있어서인지 한동안 출판사에 대한 인식이 좋지 않았다. 대항력 없는 번역가들을 일방적으로 착취하는 존재 같았다. 언제 떼어 먹힐지 모르니 처음 만난 출판사와는 분량 많은 번역을 아예 계약하지 않겠다고 마음먹기도 했다.

그러다 우연히 학교 구내 서점의 할인 행사를 보고 생각을 고쳐 먹었다. 세계문학전집을 30퍼센트 싸게 팔고 있었다. 권당 9,000원짜리 상하 두 권을 12,600원에 샀다. 번역료 원고지 한 매당 3,500원이었다고 치면 4매 번역료도 안 되는 가격인 셈이다. 세상에! 번역가는 골 빠지게 몇 달 동안 작업했을 테고 출판사에서도 골 빠지게 교정·교열 편집하여 종이비, 인쇄비 들여 찍어낸 후 서점에 마진 줘 가며 파는 책값이 이 지경이라니! 커피값 수준의 책값으로 장사하는 출판사들이 새삼 위대해 보였다.

출판사에서 번역가를 대접해 주려면 일단 우리나라 책값부터 올라야 한다는 생각이 든다. 십수 년 동안 번역료가 그대로라고 투덜거렸는데 돌이켜보면 책값도 그 수준 그대로였다. 책값이 올라가면 더 좋은 책이 많이 나올 거라는 생각도 든다. 책 써서 돈 벌 수 있는 상황이 되면 재능 있는 사람들이 더 많은 책을 쓸 테니까. 번역료를 넉넉히 받게 된 번역가는 더 많은 시간을 투자해 더 좋은 결과물을 만들어낼 테고 말이다. 하지만 과연 소비자들이 더 비싼 책값을 지불하기 위해 선뜻 지갑을 열지는 모르겠다.

번역 평가라는 칼날

초보 번역가 시절 두 번째인가 세 번째로 번역한 책이 《모래땅의 사계》였다. 환경운동 선구자라는 미국의 알도 레오폴드가 저자였는데 딱딱한 이론서가 아닌, 자신이 관찰하고 체험한 자연의 구석구석을 탁월한 표현으로 그려낸 아름다운 책이었다. 다리에 표시 고리를 단 박새 65290이 5년 동안이나 거듭 덫에 걸리며 최장기 생존을 기록한 이야기, 소나무가 매년 하늘을 향해 피워 올리는 촛불 모양의 새순이 몇 개인지에 따라 한 해 동안 저축한 빗물과 태양빛을 추정할 수 있다는 이야기, 사슴의 적 늑대가 인간의 총에 희생되고 나자 사슴들이 급증하면서 산이 망가지고 결국 사슴 역시 굶어 죽는 이야기 등이 다채롭게 펼쳐졌다.

책은 공동 번역 형식으로 출간되었다. 번역은 내가 하고 공동 번역자가 검토를 했다. 공동 번역자가 연구비 지원을 받은 것이었다는데 초보였던 내게 일감이 들어왔을 때는 시한이 얼마 남지 않은 상태라 전속력으로 작업해야 했다. 쉽지 않은 문장들이었고 나는 밥 먹는 시간까지 아끼며 일했다. 공동 번역자가 한 일은 많지 않았지만 그럼에도 내 이름이 공동 번역으로 들어간 것은 드문 경우라고 했다. 내 번역문은 공동 번역자 손에서도, 편집자 손에서도 크게 수정되지 않고 책으로 나왔다.

그런데 그로부터 일 년쯤 지나 같은 책이 《모래군의 열두 달》이라는 제목을 달고 다른 출판사에서 발간되었다. 동시에 내가 번역한 책은 저작권 계약을 맺지 않은 해적 출판물이 되어 버렸다. 우리 쪽 출판사에서는 저자 사후 50년이 흘렀으므로 저작권이 소멸되었다 여기고 추가 확인을 하지 않았던 것이다. 상대 출판사는 저작권 문제뿐 아니라 번역도 걸고넘어졌다. 신간 도서 홍보 자료에는 다음과 같은 내용이 포함되었다.

> 《모래땅의 사계》를 읽어본 우리는 이 책이 《A Sand County Almanac》의 번역본이라고는 도저히 생각할 수 없었다. 《모래땅의 사계》의 옮긴이들은 원서와 저자를 거의 이해하지 못하고 있고 역자에게 요구되는 가장 기본적인 주의들도 기울이지 않았다. 재창작자로서 역자의 재량을 더없이 크게 인정해 준다고 하더라도, 문제가 없는 페이지가 거의 없다. 특히 원서의 1편과 2편은 아름다운 문장으로도 큰 평가를 받는데 《모래땅의 사계》 옮긴이들은 이를 독자들에게 전해주려는 노력을 전혀 기울이지 않았다.

거기 더해 이전 번역, 즉 내가 한 번역이 어떤 오류를 범하고 있는지 조목조목 지적하고 내 문장과 새 번역의 문장을 비교하는 두꺼운 참고자료까지 제시했다. 번역 오류를 반박할 수는 없었다. 난 초보였고 번역 기간도 충분치 않았고 어떤 번역에든 오류는 나오게 마련이니까. 하지만 출판사에서 번역의 질적 차이를 강조하며 굳이 찾아 제시한 비교 문장들이 내 것보다 더 좋아 보이지는 않았다. 이를테면 다음과 같은 사례에서 그러했다.

내 번역

하지만 우리가 좋아하는 종이라면 설사 객관적인 경제 가치는 없다 하더라도 얼마든지 경제적인 보호의 구실을 생각해낼 수 있다. 금세기 초, 머지않아 새들이 모두 멸종될 것이라는 예측이 나왔다. 그러자 즉각 새가 사라지면 천적이 없어진 벌레가 인간의 삶을 위협하게 될 것이라는 믿기 어려운 주장을 조류학자들이 들고 나왔다. 설득력을 갖기 위해서는 경제적인 이유를 달아야만 했던 것이다.

오늘날까지도 이런 식의 억지 주장이 여전하다는 것은 서글픈 일이다. 비록 아직 우리에게 제대로 대지 윤리가 세워져 있지는 않다고 해도, 적어도 새들이 그 경제적 효용 가치는 어떻든 간에 생존이라는 생태적 권리를 갖고 있다는 사실을 인정하는 수준까지는 이르러야 하지 않겠는가!

새 번역

만약 이러한 경제적 가치가 없는 생물 중 어느 것이 멸종 위기에 처해 있는데, 공교롭게도 그것이 우리가 사랑하는 것이라면 우리는 어떤 구실을 만들어서라도 그것에 경제적 중요성을 부여한다. 금세기 초 명금류는 사라지고 있는 것으로 추정되었다. 당시 조류학자들은 만약 새가 멸종되어 곤충들을 잡아먹지 못하면 곤충들이 우리를 먹어치우게 될 것이라는, 참으로 믿기 어려운 증거를 내세우며 새들의 구조에 나섰다. 타당한 증거가 되기 위해서는 우선 경제적인 증거가 되어야 했기 때문이다.

오늘날 그런 이야기들을 읽어보면 가슴이 아프다. 아직 우리에게는 토지 윤리가 없다. 그러나 우리는 적어도 우리에게 주는 경제적 이익이 있든 없든 생명적 권리biotic right로서 새들도 존속하여야 한다고 인정하는 수준에는 다가가 있다.

나도 새로 나온 책을 구해 내 번역과 비교하며 읽어 보았다. 내 번역을 원문과 대조하면서 살짝살짝 수정했다고 느껴지는 부분이 많았다. 일 년이라는 시간차가 있었으니 그럴 여유는 충분했으리라. 물론 사실을 확인할 수는 없었다. 다만 더 나은 번역을 위해 어느 정도로든 참고가 되었을 내 번역을 무자비하게 공격하는 태도는 부당하다고 생각했다.

《모래땅의 사계》는 곧 절판되었다. 저작권 계약을 하지 않은 책이었으니 어쩔 수 없었다. 책의 여운은 나한테만 남았구나 하는 생

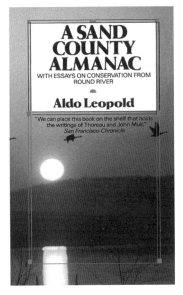

번역을 통해 내가 만난 최고의 책 중 하나였지만 적잖은 아픔을 남기기도 했던 《모래땅의 사계》 영문판 표지.

각에 조금 서글펐다. 하지만 이듬해 우연히 읽게 된 번역서 가이드 북 《미메시스》에서 누군가가 자신이 생각하는 1999년 최고의 번역 서로 《모래땅의 사계》를 꼽은 것을 보았다. 출판계에 몸담은 여러 사람들이 각자 읽은 번역서 중에서 하나를 꼽는 식이었다. 그때 나는 크게 위로를 받았다. 내 번역이 누군가에게는 가 닿았다는 것이 참으로 고마웠다.

번역가에게 번역 평가는 채찍일 수도 있고 칼날이기도 하다. 어차피 완벽한 번역이란 불가능하다. 번역가도 사람이다 보니 무수한 표현과 문장 중에서 잘못 보는 것이 나온다. 그런 실수가 최소화된 꼼꼼한 번역이라 해도 '완벽'이라는 수식어를 붙이기는 어렵다. 번역가가 생각하는 완벽함과 독자가 기대하는 완벽함이 일치하기 힘들기 때문이다. 그림이나 음식 취향이 사람마다 제각각이듯 표현과 문장에 대한 취향도 다들 다르다. 서로의 의견 차이를 인정하고 접근하는 것이 채찍이라면 앞뒤 없이 몹쓸 번역이라 몰아세우는 것은 칼날이다.

《모래땅의 사계》는 내가 번역을 통해 만난 최고의 책 중 하나였지만 결국 칼날을 맞는 것으로 끝났다. 아니, 끝났다고도 할 수 없다. 아직도 인터넷을 검색하면 다음과 같은 글이 올라와 있으니까. 어떤 점에서 왜 이렇게 생각하는지 참으로 궁금하다.

> (전략) 《모래땅의 사계》라는 제목으로 번역, 출간되어 있는데, 제발 그 번역서를 읽고 레오폴드를 이야기하지는 말았으면 한다. 단언하건대, 최악의 번역서이다. 번역을 제2의 창작이라고도 한다지만, 제2의 창작도 이 정도면 목불인견이다. 레오폴드의 주저가 그런 식으로 소개되었다는 사실에 서글픔이 아닌 분노를 느꼈다. 다행히도 환경 전문 출판사인 **에서 같은 책의 제대로 된 번역서를 《모래군의 열두 달》이라는 제목으로 펴냈다.

저작권 에이전트의 경험

통번역대학원을 졸업한 해에 나는 저작권 중개 에이전트가 되었다. 우연히 만난 선배가 책 번역을 한다기에 이것저것 궁금한 것도 묻고 이야기를 나누다가 "우리 사무실에 한번 놀러 와."라는 인사말을 듣고 헤어졌다. 며칠 후 놀러 가보니 그곳은 번역가들이 모여 만든 저작권 에이전시였다. 에이전시를 시작한 지 얼마 안 된 시점이라 제대로 체계가 안 잡힌 덕분이었는지 나도 어물어물 그곳에 합류할 수 있었다. 1998년 늦여름이었다.

에이전시를 만든 이들은 모두 경력이 수 년에서 십수 년에 이르는 번역가들이었는데 출판사에서 의뢰하는 일만 수동적으로 받는 대신 번역할 책을 직접 고르고 싶어 일을 시작했다고 했다. 번역을 계속하면서 에이전트를 겸하기로 한 것이다.

저작권 에이전트는 해외 출판사 혹은 저자와 국내 출판사 사이의 저작권 계약을 중개하는 존재이다. 번역서가 나오려면 먼저 저작권 계약을 해야 한다. 다시 말해 원저자와 인세 계약을 맺어 한국어판 출간 권리를 확보해야 한다. 이는 한국이 1995년 베른협약에 가입하면서 자리 잡은 관행이다. 해외 도서를 아무 허락도 받지 않고 마음대로 번역 출간하던 시절은 협약 가입을 기점으로 끝이 났다. 해외 도서 한 권에 대한 한국어 번역본은 정식 계약을 맺은 단 하나만 유통될 수 있는 시대가 열렸다. 저작권 중개라는 새로운 업종도 부흥기를 맞은 셈이었다.

저작권을 누가 갖고 있는지 확인하려면 출간된 책의 속표지에 나온 저작권 표시를 보면 된다. 저작권 계약은 원저자와 직접 체결하기도 하지만 원저자의 가족이나 친척(원저자가 사망한 후 50년까지 권리가 보호되기 때문에 상속인들이 권리를 행사한다), 원저자의 저작권을 관리하는 에이전트, 책을 출간한 출판사 등과 하는 경우도 적지 않다.

나는 번역가 선배들이 연결해 주는 책 번역 일을 하면서 저작권 에이전트 일까지 한꺼번에 시작하게 되었다. 도서 카탈로그나 인터넷 자료를 통해 괜찮아 보이는 해외 도서를 고르고 해당 출판사에 연락해 저작권 상황을 확인한 뒤 샘플 도서를 받았다. 도서를 검토해 간단한 소개문을 만들어 국내 출판사들에게 보내면 관심 있는 곳에서 연락이 온다. 그럼 발췌번역을 포함하는 조금 더 상세한 검토서를 제공한다. 국내 출판사가 출판 결심을 하면 해외 저작권자에게 연락해 저작권 계약을 요청한다. 인세 비율, 선인세 액수 등 계약 사항을 협상하여 계약서를 만들고 선인세 송금도 대행한다(선인세는 말 그대로 미리 지급하는 인세이다. 계약금 조로 선인세를 지급하고 이후 판매 부수에 따라 발생하는 추가 인세를 다시 송금하는 식이다). 번역서가 나오면 해외 저작권자에게 몇 권을 보내고 매년 판매 상황을 보고해 추가 인세 발생 여부를 확인할 수 있도록 하는 것까지가 에이전트의 업무이다.

막상 부딪쳐 보니 에이전트 노릇은 생각보다 쉽지 않았다. 해외 도서를 고르는 것부터가 문제였다. 괜찮다 싶은 책들은 이미 특정 에이전트가 독점하고 있었다. 해외 작가나 출판사와 오래 거래해온 에이전트가 한국 판권 중개 독점권을 따낸 경우였다. 그러면 다른 에이전트들은 손을 댈 수 없게 된다. 어느 에이전트나 중개할 수 있는 해외 도서, 그들 중 특히 출판사들이 군침을 흘릴 만한 책이라면 여지없이 경쟁이 붙었다. 여러 에이전트가 달려들고 결국 가장 높은 선인세를 제시한 에이전트가 판권을 가져갔다. 선인세 액수에 비례해 수수료를 받는 식이었으므로 한 에이전트가 국내 여러 출판사 사이에 경쟁을 붙여 선인세를 높이는 일도 많았다.

프랑크푸르트 도서전에도 한 번 가보았다. 커다란 운동장 몇 개 규모의 공간이 전 세계 출판사 부스로 가득 찼고 무수히 많은 이들이 바쁘게 돌아다니는 곳이었다. 알고 보니 그곳은 한국 출판사와 저작권 에이전시들이 총출동해 치열한 경쟁을 벌이는 현장이기도 했다. 지명도 높은 해외 출판사들은 15분 단위로 약속을 잡아 에이전트와 만나고 신간을 소개했다. 우리 같은 초보 에이전시는 거기서 어렵게 안면을 트고 존재를 알려야 다음 한 해 동안 해외 도서를 받아 보며 장사를 할 수 있었다.

내 저작권 에이전트 생활은 오래가지 못했다. 내 마음에 드는 좋은 책을 찾기 힘들었다. 또 애써 찾았다 해도 국내 출판사들의 기호에 맞지 않기 일쑤였다. 번역가가 하고 싶은 책과 출판사 입장에서 팔릴 만한 책은 서로 달랐기 때문이다. 탐탁지 않은 책을 홍보하고 계약을 유도하는 일도, 당시 거셌던 선인세 높이기 바람에 편승하는 일도 그리 내키지 않았다. 번역과 병행하여 에이전트 일을 하자니 품은 많이 드는데 막상 수입은 별로 오르지 않는다는 점도 문제였다.

다만 저작권 에이전트 경험은 출판 번역을 시작한 초기에 출판 번역의 과정과 구조를 조금 더 이해할 수 있도록 도와주었다. 번역가들은 출판사의 부탁으로 도서 검토를 하는 경우(특정 해외 도서를 훑어보고 번역 출간할 만한지, 국내 시장에서 승산이 있을지 의견을 제시하는 일이다)가 많은데, 그럴 때도 에이전트 경험이 도움이 된다. 마지막으로 주변 지인들이 관심 있는 책의 번역 출간 과정을 궁금해할 때 일단 저작권자부터 찾아 연락을 해보라고 조언할 수 있게 된 것도 나름의 소득이다.

번역하면서 나를 발견하다

바나나의 노란 겉껍질을 까면 하얀 속살이 나온다. 그래서 겉모습은 동양인이지만 머릿속 생각이나 성향은 백인이나 다름없는 이민 2, 3세대를 비아냥거리는 말로 바나나라 부른다고 한다. 통번역 일을 하기 전까지는 미처 몰랐다, 나 역시 바나나라는 것을.

함께 불교 사찰을 둘러보던 외국인이 법당 바깥 기둥에 적힌 한문 글귀가 무슨 뜻이냐고 물어왔을 때 나는 몹시 당황했다. 글자를 읽을 수조차 없는데 뜻을 어찌 안담? 한데 지금까지 그 글귀를 읽어 볼 생각조차 하지 않았던 건 왜일까? 한강 시민공원을 안내하면서는 한강이 어느 쪽으로 흘러 가느냐는 질문에 잠깐 고민하다가 인천 바다 쪽으로 흘러 가겠지, 하는 생각에 그쪽 방향을 가리켜 보이고, 한강 길이가 얼마나 되느냐는 질문에는 애매한 웃음으로 얼버무리고 말았다. 우리 역사든 지리든, 그 어느 하나 자신 있게 아는 게 없다.

분명 한국에서 계속 자라고 교육받아 왔는데 어째서 이렇게 되었을까? 일차적으로는 제대로 공부를 안 한 내 탓이지만 시대의 영향도 있는 것 같다. 새마을 운동, 그리고 발전 지상주의의 시대에 학교를 다니면서 오랫동안 한국적인 것, 전통적인 것은 낙후되고 촌스럽다고 생각해 왔다. 학교에서도 서양의 지식, 서양의 예술, 서양의 문화를 주로 배웠다. 중고교 시절, 괴테 작품은 읽어 보았지만 다산 선생 글은 접하지 못했고 교향악이나 오페라는 배웠지만 국악은 낯설기만 했다. 그 결과 겉모습은 한국인이되 정작 한국에 대해서는 별로 아는 바 없는 바나나가 되어 버렸다.

영어 번역판이 미국에서 베스트셀러에 올라 한동안 인구에 회자되었던 신경숙 작가의 《엄마를 부탁해》 원문과 번역문 일부를 학생들과 비교해 살펴보는 작업을 한 적이 있었다. 전후 문학도 아니고 1963년생 작가의 작품이었는데도 의문스러운 부분이 한두 군데가 아니었다. 예를 들면 시골 농촌에서 라면이 얼마나 귀하고 맛있는 것이었는지를 도시에서 자란 연인이 이해하지 못하는 장면이 그랬다. 나 역시 이해가 가지 않았다. 라면이 등장한 초기에는 어디서든 귀하고 비싼 음식 대접을 받았다고 들었는데 실제로는 농촌과 도시 사이에 차이가 있었던 걸까? 농촌에는 상점이 드물어 라면 사기가 더 어려웠기 때문이었는지, 현금이 귀한 탓에 돈 줘야 살 수 있는 라면이 더 값비싸게 느껴진다는 뜻인지 알 수 없었다. 서울로 유학 보낸 아들이 부쳐 온 편지를 딸아이가 읽어 주는 소리를 들으며 어머니가 뒤란의 토란대를 눈 하나 깜짝 않고 응시하는 장면이 나오자 20대 초반의 대학생들은 '뒤란'이 어디인지, '토란대'는 무엇인지 혼란에 빠졌다. 우리는 모두 한국인이지만 시골집의 가옥 구조도, 뒷마당에서 키우는 작물에 대해서도 제대로 알지 못했다. 이쯤 되면 외국어 텍스트보다 모국어 텍스트의 해독이 더 쉽다고 말하기가 도저히 불가능한 지경이다.

남을 통해 나를 더 잘 알게 된다고 한다. 번역도 그런 일이다. 다른 시간, 다른 공간에서 벌어지는 상황을 옮기면서 늘 '그럼 우리는?'을 생각한다. 다른 눈으로, 외부로부터의 시선으로 우리를 바라볼 기회이다. 또 한국어 글을 외국어로 옮길 때는 새삼 한국어의 특성을 깨닫는다. 인사말이나 연설문을 번역하다 보면 의미가 분명히 와 닿지 않는 문장들에 당황하곤 한다. 한국어로만 술술 읽을 때는 몰랐던 문제들이 번역하려고 뜯어보면 눈에 보인다. 그래서 번역의 첫 단계로 한국어 글을 다듬는 과정을 거치게 된다. 한국어 원문을 번역에 적합한 글로 옮기고 그 다음에야 외국어로 번역하는 것이다. 한국어는 많은 것을 행간에 함축한다고, 굳이 드러내 표현하지 않아도 소통이 된다고 하더니 정말 그렇구나 하고 절감한다.

마음 수양을 다루는 영어책들을 번역하다 보면 결국 불교나 도교, 일본 선 사상으로 이야기가 마무리되는 일이 적지 않다. 동양인 번역가가 알지 못하는 동양 사상 이야기가 서양 저자의 글로 풀려 나온다. 관련 자료를 찾고 공부하며 그 내용을 옮기고 있자니 창피하기도 하고 자괴감도 든다. 그렇게 다시 한 번 바나나임을 확인한다.

어쩌면 바나나 속성을 깨달았다는 점만으로도 큰 수확이다. 다음은 어떻게 해야 할까? 오랫동안 조상들이 공부했던 방식대로 사서삼경을 읽고 싶어 기회를 찾고 있다. 그렇게 공부를 하다 보면 내게는 또 다른 외국어나 다름없는 우리의 한문 서적들도 읽을 수 있게 될 것이다. 그런 과정을 통해 조금이라도 바나나를 벗어나게 되지 않을까 기대한다.

번역으로 만나는 세상

지인들과 즐겁게 이야기를 나누는 중에 무심코 "저는 늘 꿈을 꾸어요, 번역에서 벗어날 그 날을."이라는 말이 튀어 나왔다. 그 말에 스스로도 적잖이 놀랐다. 번역은 힘들어도 재미있다고, 천직인 모양이라고 생각해 왔기 때문이다. 지인들은 웃으면서 당장이라도 원하면 벗어날 수 있지 않느냐고, 누가 억지로 시켜서 하는 거냐고 말을 받았다.

그렇다. 결국은 내가 좋아서 하는 일이다. 그런데도 부담감이 만만치 않아서, 마음속 깊숙이 버겁다고 느껴서 그런 말이 나왔던 모양이다. 번역가로 살아온 20여 년 시간을 돌이켜보면 365일 내내 삶의 한쪽에 마감이 버티고 있었다. 매일같이 번역을 하거나 아니면 번역 걱정을 했다. 기한 내에 번역을 마칠 수 있을지 늘 염려스러웠기 때문이다. 수월하게 뚝딱 해치울 수 있는 번역은 없었다.

책마다 서로 다른 도전 과제를 안고 있었고 항상 예상보다 오랜 시간이 걸렸다.

부담스러운 번역을 나는 왜 계속하는 걸까? 퇴근도 휴일도 없는 이 끝없는 작업에 매달리는 이유는 무엇일까? 그건 아마 번역을 통해 만나는 여러 세상이 재미나기 때문인 것 같다.

홍위병에 대한 책을 번역하면서 나는 한동안 마오쩌둥 시대의 중국 소년으로 살았다. 문화혁명이 일어나 학교가 문을 닫자 소년 혁명군을 조직해 인민의 적 자본가들을 습격했고 집에 있던 책을 몽땅 자루에 메고 나와 불태웠다. 까마득히 멀리 있어 손톱보다도 더 작게 보이는 마오쩌둥의 모습에 열광하며 환호했고 홍위병 하방 정책에 따라 벽촌으로 가는 험한 여정에 오르기도 했다. 베이징의 고급주택가에서 첩첩산중 외딴집으로, 음산한 공장에서 대학 강의실로, 비밀경찰 취조실에서 수질 오염이 심각한 산업도시로, 주인공이 머물렀던 곳곳에 나도 함께 있었다. 그러면서 미처 몰랐던 1960~1970년대 중국인의 삶 곳곳을 발견해 나갔다. 내가 알고 있는 현재의 중국에 과거의 그림이 덧입혀졌다. 그리고 그 시절을 살아낸 사람들을 조금이나마 더 이해하고 존경하게 되었다.

책 서너 권을 번역하면서 수학이라는 세상도 새로 만났다. 난 중고교 시절에 수학을 끔찍이도 못했고, 또 싫어했다. 그런 내가 수학에 관한 책을 번역하다니! 처음에는 맡지 않아야 한다고 생각했다. 그러다가 생각을 고쳐먹었다. 그 책들은 어차피 수학 전문가가 아닌, 일반인을 위한 것이었다. 수학을 잘 아는 사람이 그 번역을 맡으면 어떻게 될까? 그 사람은 나처럼 수학에 재주도 흥미도 없는 독자들을 이해하기 힘들지 않을까. 자칫하면 자기처럼 수학을 좋아하는 독자들만 읽을 수 있게끔 만들어 버리지 않을까. 그럼 차라리 내가 맡는 게 낫겠다고 생각했다. 번역을 통해 접한 수학은 내가 딱 질색이었던 공식과 계산만의 세상이 아니었다. 항해 길을 더 정확하게 잡기 위한 방법이었고 미술의 원근법을 살려주는 도구였다. 암호를 만들고 푸는 기술이기도 했다. 수학이 '인류 역사라는 양탄자에서 제일 길고 화려한 실오라기'라는 생각은 번역가가 되지 않았더라면 평생 접하지 못했을 것이다. 수학이라면 도망 다니기 바빴던 내가 관련 책을 찾아 읽었을 리는 없으니 말이다.

성서에 대한 책도 새로운 도전이었다. 나는 성당에 발을 끊은 지 오래된 냉담 상태이고 기독교에 특별한 관심도 없었다. 성서를 처음부터 끝까지 읽어 보지도 않았다. 의뢰가 들어온 책은 성서 속 장면들을 고고학적으로 검증하고 실제성 여부를 검토하는 내용이었다. 처음 했던 생각은 수학에 대한 책을 만났을 때와 비슷했다. 열성 신자가 성서에 대한 책 번역을 맡는다면 그 신앙이 번역에 영향을 미칠 수밖에 없을 거라고, 비신자는 배려하지 않는 불친절한 책이 나올 수도 있을 거라고, 그러니 나처럼 아무 선입견 없는 사

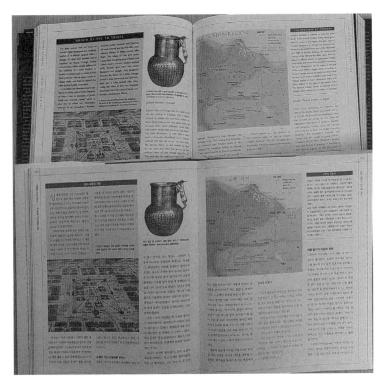

성서를 역사적 차원에서 이야기한 책 《성서 그리고 역사》의 원서와 한국어 번역판 본문 일부. 이 책은 무수하게 등장하는 성서 구절, 그리고 인명과 지명 같은 고유명사를 어느 기준에 맞춰 한국어로 옮길 것인가를 세심하게 고려할 수밖에 없었다.

람이 더 적합할 거라고.

　막상 번역을 시작해 보니 책 속에 무수히 등장하는 성서 구절이 큰 문제였다. 성서 구절을 내 맘대로 번역할 수는 없는 노릇이니 기존 번역을 따라가야 했다. 문제는 성서 번역판이 여러 가지라는 데 있었다. 개신교와 가톨릭에서 사용하는 성서가 서로 달랐다. 어느 판본을 중심으로 삼을지 결정해야 했다. 판본에 맞춰 본문에 나온 인명이나 지명 같은 고유명사 표기도 달라질 것이었다. 어느 판본을 따라가느냐에 따라 독자들이 개신교도가 될지, 가톨릭 신도가 될지 결정지어질 판이었다. 고민 끝에 양쪽이 함께 작업해 내놓은 공동번역본을 기본으로 삼기로 했다. 어느 한 쪽에 편향되지 않겠다는 나름의 의사표시였다(개신교의 어느 종파에서도 공동번역본을 사용하지 않는 현실을 감안하면 전적인 중립이라고는 할 수 없었다). 그러면서도 성경 구절이 나올 때마다 여러 판본 번역을 살피며 인명이나 지명의 서로 다른 표기를 병기해 주려고 했다.

자기계발서는 독자들 사이에서도 호불호가 갈리지만 번역가들 사이에서도 그렇다. 자기계발서 번역은 정말 싫다고 손사래를 치는 사람도 있고 제일 쉽고 재미있는 번역이라고 선호하는 사람도 있다. 나는 어떤 경우냐고? 중간쯤 되는 것 같다. 다른 책 두세 권에 자기계발서 한 권 정도씩 끼워 넣으면 기분전환이 된다고나 할까. 자기계발서는 글쓴이의 열정을 바탕으로 하는 책이다. 그래서 나도 열정적으로 책 내용을 풀어내고 독자들에게 확신을 심어 주려 애쓴다. 저자의 열정에 감염되지 않으면 자칫 뻔하고 지루한 작업이 되기 쉽기 때문이다. 자기계발서를 통해 열리는 세상 역시 새롭다. 대놓고 돈 얘기 꺼내는 것이 쑥스러웠던 분위기에서 자란 내 경험 덕분에 특히 더 그렇다. 내 대학 시절에는 연봉이 얼마면 좋겠다는 말도, 결혼 상대한테 돈이 좀 있으면 좋겠다는 말도 차마 입 밖으로 꺼내지 못했다. 그러다 보니 번역가가 된 후 번역료를 협상하거나 독촉해야 할 때 많이 괴로웠다. 그런 내게 '모두가 무언가를 판매하며 먹고 산다'라거나 '거절당하는 것을 두려워하지 말라'거나 하는 자기계발서의 내용은 위로와 격려가 되었다. 나 역시 알량하나마 가진 재주를 팔아 먹고사는 것이고 때로는 원하는 값에 팔지 못할 수도 있는 것이다.

번역은 연애다

　러시아 작가 체호프가 쓴 단편소설 《귀여운 여인》의 주인공 올렌카는 정말로 귀여운 인물이다. 누군가를 사랑할 때면 그 사람의 삶 자체에 온전히 빠져 든다. 첫 남편 극 연출가와 함께 살 때는 연극과 예술이 세상의 전부라 생각하고 연출의 어려움, 극장 관객 수와 수입, 새로운 연극 홍보에 온통 관심이 쏠려 있다. 두 번째 남편 목재상과 살 때는 목재 시세와 수급 문제를 걱정하느라 밤잠을 설치고 누구를 만나든 그 문제를 화제에 올린다. 중년을 넘어서 어느 학생의 뒷바라지를 하게 되자 이제는 교과서 내용, 어려운 시험 문제로 머릿속이 가득 찬 모습이다.

　번역을 하다 보면 나도 올렌카가 된다. 붙잡고 있는 책의 작가에게, 책에 등장하는 인물들에게 온 마음을 바친다. 이 때문에 나는 번역이 곧 연애라고 생각한다. 저자나 인물에게 공감하는 것, 공감을 위해 만사 제치고 매달리는 것. 상대가 던진 한 마디의 속뜻을 추측하며 고민에 빠지는 것 등이 연애와 다르지 않다.

연애란 본래 오래 가지 못하는 법이 아닌가. 번역 일 또한 두세 달을 주기로 하여 계속 상대가 바뀌고 그때마다 연애가 시작되었다가는 끝난다. 내 연애의 상대는 솔직하게 자신을 드러내기도 하고 꽁꽁 모습을 감추기도 한다. 마지막 순간까지 알쏭달쏭해 애를 태우기도 한다. 현실에서는 이렇게 다양한 상대를 만나 보지 못했지만 번역을 하면서 그 경험 부족을 충분히 보완하게 되었다.

이 연애의 시작은 어린 시절의 책 읽기에서 시작되었던 것 같다. 나는 책 읽기를 퍽 좋아하는 꼬마였다(내가 자란 시절에는 책과 경쟁할 만한 다른 것들이 변변치 않아 대안이 없기도 했다). 동화책을 읽다가 학교 갈 시간이 되면 책을 덮고 일어서기가 참 힘들었다. 아예 책을 들고 나서서 걷다가 읽다가 하기도 했다. 다음 전신주까지 걸어가다가 멈춰서 한 페이지를 읽고 다시 다음 전신주까지 걸어가는 식이었다. 그렇게 읽은 책 내용을 친구들에게 신나게 다시 이야기해주기도 했던 것 같다. 이제 와 생각해 보면 그런 행동 역시 넓은 의미의 번역이었다.

책을 많이 읽다 보니 책 읽는 속도가 점점 빨라졌다. 세세한 부분은 그냥 넘겨 버리기 일쑤였다. 번역은 그 속도에 제동을 걸었다. 섬세한 대화나 가볍게 지나가는 장면을 곱씹어야 했다. 등장인물들이 왜 그런 대화를 나누는지, 작가가 왜 그 특정 장면을 묘사

했는지 이해하려면 감정 이입도 필요했다. 휙휙 페이지가 넘어가는 속도감은 없지만 무엇 하나 놓치지 않고 작가가 펼쳐 놓은 세상을 감상하고 즐기게 되었다. 무엇 하나 놓치지 않으려 주의를 집중한다는 것, 이 또한 연애와 통한다.

　여러 분야의 책을 번역하면서 나는 어떤 책에든 나름의 매력과 재미가 있다는 결론에 이르렀다. 물론 당면하게 되는 도전도 제각기 다르다. 이는 연애도 마찬가지이리라. "대체 왜 저런 사람과 연애를 하는 거니?"라는 질문을 던지는 친구들은 그 사람만의 매력을 보지 못하는 것이다. 눈에 콩깍지가 씐 것뿐이라고? 그렇다면 번역가도 번역하는 동안에는 콩깍지가 씌는 셈이다. 어떻게든 작가를 편들고 인물을 정당화하려 들게 되니까.
　번역으로 실컷 연애를 하면서 잃어버린 것도 있다. 책 읽기를 그 자체로 즐기지 못하게 되었다는 것. 나는 이제 더 이상 시간이 날 때 책을 집어 들지 않는다. 번역하는 책, 번역하는 데 참고할 필요가 있는 책, 그 외 의무적으로 읽어야 하는 책이 내 독서의 전부가 되었다. 모든 번역가가 이렇지는 않다. 왕성하게 번역 일을 하면서도 어마어마한 양으로 책을 읽어 치우는 선배도 있다. 하지만 적어도 내게는 책 읽기가 일로 다가오게 되었다. 안타깝지만 할 수 없다. 연애에는 대가가 따르는 법이다. 취미로서의 독서를 잃어버린 것이 내가 치른 대가이다.

2부

번역을 가르치다

'번역? 잘하면 그만이지 뭘 가르친다는 거야?'라는 의아한 표정을 짓는 사람들이 많다. 그래서 번역을 가르치는 일이 어떤 것인지 굳이 설명해야 할 필요가 있다. 2000년부터 시작해 여러 대학과 대학원에서 번역 선생 노릇을 했다. 번역 교육이 확대되던 초창기여서 가능한 기회였다. 내가 운영하는 수업의 방법은 대동소이했지만 학생들과 연습 텍스트는 늘 새로웠다. 열심히 참여하고 함께 고민해 준 학생들 덕분에 선생 역시 강의실에서 새로 배우는 것이 많았다.

왁자지껄한 번역 강의실

나는 번역 수업에서 선생 혼자 떠드는 시간을 최소화한다. 아니, 그런 시간이 거의 없다고 하는 편이 더 정확하다. 대신 모두가 자기 의견을 내놓고 질문을 던지면서 왁자지껄한 분위기를 만들게끔 유도한다.

수업 시간에 번역을 하는 일도 없다. 대신 학생들이 온라인 강의실에서 미리 공개한 번역 결과물을 두고 토론을 벌인다(온라인 강의실은 강좌별로 주어지는 인터넷 공간이다. 과제 제출이나 자료 공유, 공지사항 전달 등이 이루어진다). 번역에서 어디가 왜 마음에 드는지, 어느 부분에 이견이 있는지, 더 낫게 만들 방법은 무엇인지 등등.

서른 명이 들어오는 매주 1회 세 시간짜리 번역 수업을 하는 경우, 세 명씩 묶어 총 열 개 조를 짜고 매주 한 조의 번역을 다루는 방식으로 진행한다. 같은 조가 된 학생들은 함께 논의해 번역해 보고 싶은 원문을 선정한다. 원문 선정에 제한은 없다. 외국어에서 한국어로든, 한국어에서 외국어로든 좋다(외국어 전공 교과가 아닌 학부 교양 교과로 개설된 수업의 경우라면 번역 언어를 영어와 한국어로 제한하게 된다). 원문의 장르나 출처도 자유롭다. 그리하여 학생들은 문학 작품이나 언론 기사, 연설문뿐 아니라 비즈니스 서한이나 사용설명서 같은 실용 텍스트, 애니메이션을 비롯한 영화나 드라마 일부 장면, 팝송이나 가요 혹은 뮤지컬 삽입곡 가사 등 다양한 원문을 선택한다. 원문 선택이 끝나면 각자 번역을 한다. 그리고 자기 조 중심의 수업이 진행되기 한 주 전에 온라인 강의실에 올린다.

수업 이틀 전까지 모든 수강 학생들은 온라인 강의실에 올라온 원문과 번역문 세 개를 검토하고 댓글을 쓴다. 번역조 학생들은 그 댓글을 확인하고 수업에 들어온다. 댓글을 통해 번역 과정에서 자신이 해결하지 못했던 문제에 대해 실마리를 얻기도 하고 동료 학생들의 지적과 비판에 살짝 마음이 상하기도 한다. 번역을 살펴볼 때는 많은 사람이 칭찬보다는 비판에 치중하는 경향이 있으므로 나는 댓글을 쓸 때 칭찬의 말도 꼭 넣어 달라고 사전에 부탁하곤 한다.

수업 시간이 되면 원문, 번역문 세 개, 그리고 각각의 번역문에 붙은 댓글을 중심으로 토론을 벌인다. 조마다 달리 선정하는 원문

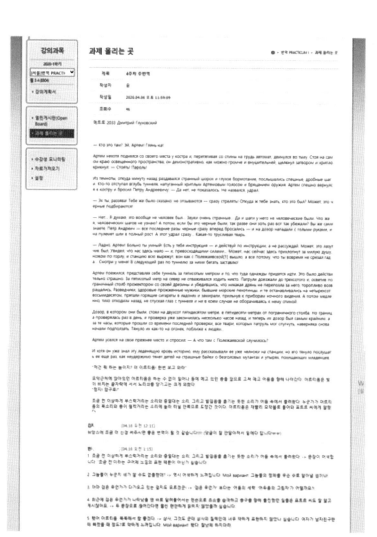

수강생들은 매주 한 조씩 온라인 강의실에 미리 올리는 번역물을 검토하고 이에 대해 댓글을 쓴다. 번역조에 속한 학생들은 그 댓글을 읽고 수업에 들어와 서로 토론을 벌인다.

의 특성을 분석하고 이해가 가지 않는 부분을 논의한다. 같은 원문에서 출발했지만 종착지 모습은 퍽 다른 번역문 세 개를 비교한다. 세 개의 번역문은 번역한 학생의 생각과 경험을 고스란히 드러낸다. 무엇에 중점을 두고 번역해야 하는지에 대한 생각을 바탕으로 원문에 등장한 개념이나 상황에 대해 자기 경험을 담아 해석한 결과물이기 때문에 그렇다. 독자 역할을 맡은 학생들의 댓글도 풍성한 이야깃거리가 된다. 원문 이해를 위해 필요한 정보를 조사해 꼼꼼히 정리한 댓글도 있고 문제 된 부분에 대해 제3의 대안을 제시하는 댓글도 있다. 댓글의 내용이 불분명한 경우 수업 중에 댓글 작성자의 설명을 들을 수 있다. 의견이 상충하는 댓글들이 등장할 때는 어떤 이유 때문에 그렇게 다른 의견이 나왔는지 추가로 확인하기도 한다.

수업 시간의 토론을 선생인 내가 주도한다면 아무래도 선생의 발언 시간이 길어지고 학생들이 자유롭게 말을 꺼내기 어렵기 때문에 수업 진행을 맡는 조는 따로 정해둔다. 진행조는 원문과 번역문을 분석하고 댓글들을 검토해 수업 시간에 다뤄야 할 주제를 결정하는 등 미리 준비한다. 세 시간의 수업을 여는 것부터 마지막에 닫기까지 전체 흐름은 전적으로 진행조에 맡겨진다. 각 진행조는 나름의 특성을 드러내며 매주 서로 다른 수업이 이루어지게끔 한다. 처음에는 학생들이 수업을 진행한다는 게 낯설어 다소 어색한 분위기가 흐르지만 곧 다들 익숙해진다. 오가는 논의에 내가 끼어

들어 조금 말이 길어진다 싶으면 진행조가 나서서 "자, 시간이 부족하니 이 이야기는 여기까지 하죠."라고 막아서는 상황까지도 벌어진다. 머쓱하기보다는 기분 좋은 상황이다. 내가 확실히 수업 구성원의 1/n이 되었다는 뜻이니.

위와 같은 수업 진행 방식을 학기 초에 소개하면 학생들은 조금 놀라는 눈치다. 이론을 소개하지도, 번역의 방법론을 강의하지도 않겠다니? 일단 무작정 번역 결과물을 내놓게 하고 그 구체적인 경험과 제기된 문제에 대해 토론하도록 하는 이유는 실제와 동떨어진 번역 논의가 별 의미 없다는 생각 때문이다. 평소 번역은 절대로 원문을 훼손하지 말아야 한다고 주장하던 학생이 있다고 하자. 직접 번역을 하다 보면 무엇이 원문 훼손이고 무엇이 아닌지 고민하게 된다. 문제가 되는 부분을 같은 조 동료들은 어떻게 번역했는지 확인하고 여러 번역에 대한 수강 학생들의 평도 살핀다. 수업 시간에 원문 훼손에 대해 논의도 벌인다. 그러면서 조금씩 번역에 대한 생각이 발전해 나간다.

모름지기 수업이란 A부터 Z까지 찬찬히 단계적으로 가르쳐 체계적인 지식이나 능력을 갖추도록 하는 것이라 믿는 사람들도 아마 내 수업 방식을 보면서 당황스러울 것이다. 번역은 그런 단계적 접근이 어려운 대상이다. 외국어 수업이라면 문법과 어휘를 순차적으로 익혀 나가 초급, 중급, 고급 수준에 차례로 도달할 수 있다. 하지만 번역의 경우에는 초급 번역과 고급 번역을 구분하기 어렵다. 단 한 줄의 광고 문구를 옮기는 일이라 해도 책 한 권 번역할 때 고려해야 하는 모든 사항을 검토해야 한다. 번역에는 원문, 원문 언어권의 사회문화, 원문 언어 사용자들의 공유 경험, 번역어의 특성, 번역 독자들에 대한 배려 등 온갖 측면이 한꺼번에 뭉쳐 존재하고 그 중 하나만 떨어뜨려 보기가 불가능하기 때문이다.

그리하여 매주의 번역 수업은 학생들이 선택한 원문의 특성에 따라, 번역조가 내놓은 결과물에 따라 늘 다르게 채워진다. 원문 내용을 이해하기 위한 토론이 중심을 이루는 때도 있고 도착어 표현의 세세한 부분들을 짚는 데 대부분의 시간을 보내기도 한다. 수업의 진행 방향은 예측 불가능하다. 어떻든 중요한 것은 여러 조의 다양한 원문과 번역문을 살피면서 번역이라는 큰 틀 안의 여러 요소를 고민해 보는 경험이다. 묻고 대답하는 과정을 통해 나와 학생들은 원문을 더 잘 이해하게 된다. 더 잘 이해되는 번역문을 만들어 나간다. 그리고 번역가의 자세를 생각한다. 왁자지껄한 분위기 속에서 말이다.

번역에는 정답이 없다

번역 수업 첫날, 나는 학생들에게 이렇게 말하곤 한다. "번역에는 정답이 없습니다." 바꿔 표현하면 선생이 정답을 제시하지 않겠다는 뜻이다. 왜냐고? 나도 정답을 모르니까.

예를 들어 보자. 수업 시간에 미국 시트콤 드라마 〈빅뱅이론〉의 한 장면을 다루게 되었다. 괴짜 등장인물이 태국 음식점에 주문 전화를 하면서 원하는 대로 되지 않자 살짝 협박하는 투로 다음과 같은 대사를 한다.

"You keep in mind that my sharply worded comments on yelp.com recently took down a local muffin store."

학생들은 이 대사를 이렇게 번역했다.

① "제가 식당 리뷰 사이트에 올린 신랄한 비판 글 하나 때문에 동네 머핀 가게 하나가 망했다는 건 알아 두세요."

② "yelp.com에 제가 남긴 날카로운 코멘트들이 최근에 동네 머핀 가게를 망하게 했다는 것 잊지 마세요."

③ "최근 옐프닷컴에 쓴 제 날카로운 평이 지역 머핀 가게를 폐업시켰다는 걸 기억하세요."

학생들의 논의는 'yelp.com'을 어떻게 처리해야 할 것인가로 모아졌다. 번역 ①에서는 '식당 리뷰 사이트'로 옮겨 고유명사를 지우는 시도를 했다. 미국의 식당 평가 사이트 명칭을 굳이 옮겨 줄 필요가 없다고 판단한 것이다. 반면 번역 ②에서는 영어 알파벳을 그대로 남겨 두었고, 번역 ③에서는 한국어로 음차 표기하는 방법을 택했다.

논의를 위해 1차로 확인해야 할 것은 번역의 목적을 어디에 두었느냐는 것이다. 학생들은 모두 자막을 염두에 둔 번역이라고 대답했다. 자막은 시야에 오래 노출되지 않는다. 짧은 시간 안에 금방 읽고 이해할 수 있도록 길이를 줄이고 내용도 명료화할 필요가 있다. 이런 면에서 볼 때는 번역 ①의 길이가 상대적으로 긴 편이라 축약할 방법을 생각할 필요가 있다(일단 두 번이나 들어간 '하나'라는 단어는 다 빼버릴 수 있다).

다음으로 고려해야 하는 것은 번역을 읽을 사람이 누구냐는 것이다. 자막 번역이라면 방송을 보는 남녀노소 모든 시청자가 대상일까? 이 경우 'yelp.com'이나 '옐프닷컴'이라는 번역은 시청자를 잠시 혼란에 빠뜨릴 수 있다. 사전 지식이 없는 시청자라면 이것이 식당 리뷰 사이트임을 금방 눈치채기 어렵기 때문이다. '갑자기 등장한 이건 뭘까?' 하고 골똘히 생각에 잠겼다가 자칫 이야기 흐름을 놓쳐 버릴지도 모른다.

이 문제에 대한 해결책으로 '요기요', '메뉴판 닷컴' 등 한국의 식당 리뷰 업체를 등장시키면 어떻겠냐는 의견이 나왔다. 신선한 아이디어지만 미국 배경으로 미국인이 말하는 장면에서 느닷없이 한국 업체 명칭이 나오는 것이 부자연스럽다는 지적이 바로 뒤따랐다. 문화적 요소를 번역할 때 늘 제기되는 딜레마이다. 너무 낯선 것도 문제고 너무 친숙한 것 또한 장면 몰입에 방해가 된다. 게다가 자막 번역은 영상과 밀접히 결합되어 있어 어색한 느낌이 한층 커질 수 있다.

이 자막 번역이 특정 시청자들이 주로 접근하는 사이트나 채널에 공개되는 것이라면, 예를 들어 미국 유학생이나 교포들을 대상으로 삼았다면 'yelp.com'이나 '옐프닷컴'이라는 번역도 별 문제가 되지 않을 것이다. 그러니 번역을 읽는 독자가 누구인지는 참으로 중요한 고려 사항이 된다.

'yelp.com'이나 '옐프닷컴'으로 자막을 넣는 경우 이해하지 못하는 사람은 직접 찾아보면 된다는 학생도 있다(실시간 방송이라면 모르되 동영상 재생 상황이라면 일시 정지해 두고 검색하는 일이 얼마든지 가능하다). 번역가가 다 알려줄 필요 없이 시청자 스스로 찾아보게 하자는 이른바 '교육적 번역' 옹호 주장이다. 여기서 또 다른 고민거리가 생겨난다. 〈빅뱅이론〉의 시청자는 어떤 목적을 갖고 영상을 보는 걸까? 공부를 하고 지식을 얻으려고? 마음 편히 웃으며 즐기려고? 시트콤 드라마라는 장르를 고려하면 후자일 가능성이 크다. 그러면 '알아서 찾아보시라'는 접근은 조금 곤란하다.

결국 무엇이 정답인지는 정할 수 없다. 그 일차적인 이유는 번역의 방향을 결정하는 여러 요소, 누가 어떤 목적으로 어떻게 사용하게 될 번역인지가 명료하게 설정되지 않았기 때문에 그렇다. 하지만 그 덕분에 어떤 상황에서는 어떤 번역이 적합할 것인가를 짚어볼 수 있다. 번역 수업의 목적은 정답이 무엇인지 아는 것이 아니라 다양한 정답이 가능하다는 점을 깨닫는 것이다.

선입견을 버려야 번역이 된다

통번역대학원 한노과의 번역 수업 시간이었다. 러시아의 국가 투자 잠재력 순위가 떨어져 큰일이라고 개탄하는 칼럼을 연습 자료로 삼았다. 거의 끝부분으로 가서 다음과 같은 내용의 러시아어 문장이 등장했다.

> 이번 투자 순위 평가와 외국인의 향후 대러 투자 규모는 마치 출구 조사와 개표 결과의 관계와 같다.

이 문장에 대한 학생들의 번역은 정반대로 갈렸다. 한 쪽은 투자 순위 평가와 실제 투자 규모는 출구 조사와 개표 결과가 다르듯 차이가 날 것이라고 보았고, 다른 한 쪽은 출구 조사가 개표 결과를 예측해 주듯 투자 순위 평가가 실제 투자 규모를 반영할 것이라보았던 것이다. 이렇게 된 까닭은 출구 조사와 개표 결과의 관계에 대한 생각이 서로 달랐기 때문이다. 출구 조사는 개표 결과를 고스란히 반영한다고 보는 학생이 있는 반면 출구 조사는 개표 결과와는 사뭇 다른, 때로는 상반된 결과를 보여준다고 생각하는 학생도 있었다. 서로 다른 생각은 서로 다른 기존의 경험에서 만들어진 것이다. 선거 때 지지 후보가 출구 조사에서 유리하게 나와 안심했다가 최종 개표 후 패배하는 모습을 지켜 본 사람은 출구 조사의 예측 실패를 기억하고 신뢰하지 않게 된다. 그리고 위와 같은 문장이 나왔을 때 자신도 모르게 평소 의견을 반영해 번역을 하기 쉽다.

나 역시 출구 조사의 예측력을 믿지 않는 편이었고 그 문장을 읽었을 때 첫 생각은 그 쪽으로 기울었다. 다만 이렇게 본다면 칼럼 전체의 흐름이 막판에 어그러진다는 게 문제였다. 투자 순위 평가가 실제 투자 규모를 예측해 주지 못한다면 평가 결과가 어떻든 크게 걱정할 일은 아니지 않겠는가? 하지만 칼럼은 시종일관 낮은 평가 결과가 우려스럽다는 어조를 유지했다. 아마도 러시아에서는 출구 조사가 최종 개표 결과와 달라지는 일이 별로 없는 모양이다. 혹은 최소한 칼럼을 쓴 사람은 출구 조사가 믿을 만하다고 판단하게 만드는 경험을 축적해 결국 출구 조사를 신뢰하는 성향을 지니게 된 모양이었다.

이 문장의 번역 사례는 우리가 새로운 정보를 어떻게 받아들이는

지 흥미롭게 보여준다. 우리는 진공 상태가 아니다. 기존 경험들이 빚어낸 탄탄한 사고의 틀 안에 갇힌 존재이다. 문장 하나를 볼 때도 순식간에 자기 방식으로 이해하기 쉽다. 이런 성향이 강화되면 나의 기존 틀과 맞지 않는 생각이나 의견을 이해하기 어려워진다. 이는 모든 의사소통에서 경계해야 하는 일이지만 특히나 번역을 위한 글 읽기에서는 내가 아닌 글쓴이의 입장과 시선에서 바라보도록 노력을 해야 한다.

또 다른 사례를 보자. 러시아 향수 및 화장품 산업 동향을 소개하는 글에 화장품 소매 전문 체인점이 시장을 대부분 장악한 반면 '열린 시장'의 판매량은 상대적으로 적다는 문장이 등장했다. 2000년대 중반을 배경으로 한 자료였다.

학생들은 '열린 시장'이라는 러시아어 표현을 보고는 자동적으로 '오픈마켓'이라고 번역했다. 한국에서 활성화된 오픈마켓, 즉 인터넷 열린 장터를 바로 연상한 것이다. 학생들 자신이 인터넷 쇼핑을 자주 이용해 몹시 친숙하다는 점도 작용했다. 하지만 한 학생이 다른 의견을 냈다. '열린 시장'이란 지붕이 없는 노천 시장, 즉 재래시장을 의미한다는 것이다. 그 이유로는 2000년대에 러시아의 인터넷 화장품 거래가 그리 활발하지 않았다는 점, 또한 텍스트 맥락상 갑자기 인터넷 거래가 튀어 나오기는 어렵다는 점을 들었다. 나도 거기 동의했다. 결국 원문은 새로 등장한 화장품 소매 전문 체인점이 기존의 화장품 거래 공간이었던 재래시장을 대체했다는 데 초점

번역을 하다 보면 자기도 모르는 사이에 주관적 경험이나 시각이 투영된다. '열린 시장'이라는 단어 하나를 두고도 개인의 체험에 얽매인 오해와 오역이 발생했다. 학생들이 '오픈마켓'이라고 번역한 이 단어는 사실 러시아에서 지붕이 없는 노천시장, 즉 재래시장을 지칭하는 용어였다.

을 맞춘 것으로 판단되었다.

'열린 시장' 사례는 기존 사고의 틀이 작동한 것으로도 볼 수 있지만 자신에게 익숙한 '지금 현재'를 기준으로 상황을 판단하려는 성향을 알려주기도 한다. 나와 다른 시대, 다른 공간에서 펼쳐지는 삶의 모습을 제대로 보려면 '지금 현재'에서 한 걸음 떨어져야 할 필요가 있다.

번역을 잘 하려면 원문 저자에게 '빙의'되어야 한다는 농담 섞인 말을 나는 종종 한다. 빙의되려면 내 경험을 바탕으로 한 기존의 사고 틀을 벗어나 원문 저자의 사고 틀 속으로 들어가야 한다. 원문 저자가 어느 공간 어느 시대에서 어떤 일을 겪으며 살아가는지 충분히 상상하고 그 사람이 된 듯 생각해야 한다. 번역은 바로 그런 노력을 요구하는 작업이다. 그러다 보면 불현듯 나는 왜 이렇게 생각하고 행동하는 사람인지를 깨닫는 소득도 있다. 내 사고 틀이 무엇인지 알아야 거기서 벗어나는 일이 가능하니 말이다.

그렇다고 번역가의 기존 경험이 아무 의미 없다는 뜻은 절대로 아니다. 1인칭 슈팅FPS 컴퓨터 게임 전략 가이드를 번역하려면 게임이 어떻게 진행되는지, 게임판에서 주로 사용되는 용어가 무엇인지 알아야 한다. 그 게임을 해본 사람이라면 금상첨화이다. 어린 시절 제일 값싼 샌드위치만 먹었다는 일화가 등장하는 원문을 다룰 때는 샌드위치 체인점에서 아르바이트를 해본 학생이 나서서 그 값싼 샌드위치의 속 재료 명칭과 형태를 설명해 주었다. 번역가는 자기 경험을 총동원하여 원문을 이해하는 동시에 자기 사고 틀에 갇혀서는 안 되는 줄타기를 해야 하는 셈이다.

해석 연습을 넘어서기

대학의 번역 수업 개강 첫 주에는 번역에 대한 자유로운 의견 교환을 하곤 한다. 지금까지 어떤 번역을 해왔는지, 눈여겨 본 번역 사례가 있는지, 번역에 대해 어떤 생각을 갖고 있는지 이야기를 나누면서 한 학기를 여는 것이다.

그 시간에 1학년 학생 한 명이 불쑥 질문을 던졌다. "전 번역이 고등학교 때 하던 영어 해석이나 다를 바 없다고 생각하는데 뭐가 다르긴 한 걸까요?" 나는 처음부터 뭐가 다른지 결론 내릴 필요는 없으니 일단 번역 실습을 하면서 생각해 보자고 대답했다.

고등학교까지의 영어 수업에서 접하게 되는 영어 해석이란 교과서나 참고서에 실린 영어 자료를 한국어로 옮기는 연습이다. 참고서에는 처음부터 영어 해석이 제공된다. 영어 원문이 한국어 해석문으로 전환된 것이니 결국 이게 번역이 아니냐는 질문이 충분히 가능하다.

미리 답을 해보자면 해석 연습은 번역의 한 종류일 수 있지만 번역 전체와 동일시할 수는 없다. 그러니까 번역이라는 넓은 개념에서 작은 일부를 구성하는 것이 해석 연습이다.

해석 연습은 영어 학습을 돕는 도구이다. 영어의 어휘와 문법, 표현이 실제 텍스트에서 어떻게 사용되고 있는지 보여주는 것이 해석문이다. 그래서 역으로 학생들이 필요한 언어지식을 제대로 습득했는지 확인하기 위해 해석 연습을 시키기도 한다. 그 결과 영어의 한국어 해석문에서는 가능한 한 원문의 모습을 고스란히 드러내는 것을 지향하게 된다. 단어를 빼먹는 일도, 순서를 바꾸는 일도 거의 없다.

해석문은 홀로 존재하기 어려운 글이다. 언제나 영어 원문과 짝을 이루어 비교되는 존재이다. 학습 목적이든 평가 목적이든 마찬가지다. 학습 목적이라면 학습자가 문법과 표현을 쉽게 찾아 대조할 수 있도록 해줘야 한다. 평가 목적의 해석문을 작성하는 학습자는 자신이 특정 문법과 표현을 잘 알고 있다는 점을 확실히 드러내 보여야 하고 그러려면 평가자가 기대하는 옳은 답을 써야 한다. 그래서 해석문은 부자연스럽고 어색한 한국어가 되기 쉽지만 이는 문제가 되지 않는다. 해석 연습의 목적은 어디까지나 '영어 학습'에 있기 때문이다.

이와 달리 대부분의 번역은 '소통'을 목적으로 한다. 이런 번역에서는 번역문이 원문이라는 굴레에서 크게 벗어나게 된다. 어휘나 표현 측면에서 원문을 얼마나 고스란히 옮겼는지보다는 원문과 원문 독자 사이의 소통이 번역문과 번역문 독자 사이의 소통으로 어떻게 재현되었는지가 중요하다. 원문 독자가 원문을 보면서 경험한 뜨거운 감동, 깊고 날카로운 사고, 벅찬 삶의 의지 등등을 번역문 독자도 번역문을 통해 접하도록 해야만 하는 것이다.

물론 완벽하게 동일한 경험을 제공하기란 불가능에 가깝다. 원문 독자와 번역문 독자는 사용 언어, 사회문화 환경, 사고방식 등이 엄연히 다른 존재이니 말이다. 그래서 번역가는 그 간극을 메우고 소통이 가능하도록 골머리를 싸맨다. 이 과정에서 원문 이해를 돕기 위해 정보를 덧붙이기도, 글의 구조나 순서를 조정하기도 한다. 나름의 재량권이 발휘된다. 똑같은 원문에서 출발했다 해도 번역가마다 서로 다른 번역문을 내놓는 이유가 여기 있다.

소통을 목적으로 한 번역은 원문과 번역문의 비교 분석을 염두에 두지 않는다. 번역문은 번역 언어 문화권에서 독자적으로 존재하는 글이 되어야 하기 때문이다. 원문 언어와 얼마나 비슷한가가 번역문을 평가하는 기준이 될 수도 없다.

다시 정리해 보자. 외국어 학습을 목적으로 삼은 특별한 번역 형태인 해석 연습은 가능한 한 원문과 닮은 모습으로 만들어져야 하는 원문 종속적 존재이다. 이를 제외한 대부분의 번역은 소통을 목적으로 하며 원문을 그대로 재현하는 것이 아니라 원문과 원문 독자의 소통을 번역으로 재현하고자 한다.

중등 교육을 거치며 해석 연습에 익숙해진 학생들은 번역 강의실에서도 원문을 강조하는 성향을 보인다. 그래서 첫 시간의 자유토론에서 가능한 한 원문을 그대로 보존하는 것이 올바른 번역이라고 주장하는 의견이 많다. 번역가가 멋대로 손을 대는 것은 반역이라는 의견도 나온다. 이후 수업이 진행되고 직접 번역을 해보거나 동료들의 번역을 읽으면서 차츰 깨달아 간다. 서로 다른 두 언어, 예를 들어 영어에서 한국어로 넘어가는 상황에서 원문을 그대로 보존한다는 건 불가능하다는 사실을. 번역문 독자들은 일일이 원문을 찾아 대조하며 읽을 정성이나 능력이 없으며 번역문만으로 소통하기 원한다는 점을.

해석 연습의 영향력은 퍽 깊다. 그래서 나는 학생들이 동료의 번역을 보면서 단어나 표현의 잘잘못만을 시시콜콜 따지고 평가하지 않게끔 개입한다. 사소한 잘못이 있더라도(사람이 하는 일이니 어느 번역에서든 오류가 나올 수밖에 없다) 전체 흐름 또한 같이 봐 달라고 주문한다. 그래야 번역가의 의도나 전략을 알 수 있기 때문이다. 같은 이유에서 학생들이 문단이나 문장 단위로 원문과 번역문을 번갈아 나열하는 방식으로 과제를 제출하는 것도 권하지 않는다. 영어 문장 바로 아래에 그걸 번역한 한국어 문장을 놓는 방식으로는 생각이 문장 단위를 넘어설 수 없고, 동시에 번역문이 원문을 넘어설 수도 없기 때문이다.

해석 연습은 번역의 한 종류이다. 하지만 그것만이 번역이라는 생각은 곤란하다. 번역 수업에서 해석 연습을 넘어서려는 시도가 이어지는 건 바로 그 때문이다.

의심하고 또 의심하며 읽기

외국어에서 모국어로 번역을 하려면 우선 외국어로 된 원문 텍스트를 '제대로' 읽어내야 한다. 여기서 '제대로'란 무슨 의미일까? 일단 단어들을 조합해 문장의 의미를 파악할 수 있을 정도의 외국어 해독력이 필요하다. 하지만 이것은 어디까지나 기초 단계에 불과하다. 원문에서 특정 단어, 특정 표현이 왜 쓰였는지, 글쓴이의 머릿속에 있었던 건 무엇인지 생각을 거듭해야 하기 때문이다. '정말 이게 맞나? 혹시 다른 의미는 아닐까?'라는 의심이 반복된다.

번역 수업에서 학생들이 버락 오바마 전前 미국 대통령의 2008년 연설 '보다 완벽한 공동체A More Perfect Union'의 일부를 원문으로 골랐다. 긴 연설문을 다 다룰 수는 없었으므로 학생들은 마지막 한 쪽을 선택했다. 제일 마지막 문장, 그러니까 긴 연설을 끝내는 문장은 이러했다.

원문

And as so many generations have come to realize over the course of the two-hundred and twenty one years since a band of patriots signed that document in Philadelphia, that is where the perfection begins.

번역문

일단의 애국자들이 필라델피아에서 이 문서에 서명한 이후 221년이 흐르는 동안 여러 세대가 깨달아 왔듯 바로 여기가 완벽함이 시작되는 곳입니다.

문제는 '이 문서'가 대체 무엇이냐는 것이었다. 여러 학생들이 '미합중국 독립선언문'이라고 번역했다. 필라델피아에서 서명된 문서라고 할 때 우리 머릿속에 대번 떠오르는 건 독립선언문이니 말이다. 한데 독립선언문은 1776년에 나왔다. 여기에 221년을 더하면 1997년이 된다. 2008년에 연설하는 오바마가 1997년을 기준으로 삼았을 리는 없다. 그럼 또 다른 가능성은? 다른 학생이 '노예해방선언'이 아닐까 하는 의견을 내놓았다. 흑백 통합을 강조하는 오바마의 특성을 감안할 때 그럴싸했다. 다만 필라델피아가 아니었다는 점이 걸린다. 어떻든 따져 보기로 했다. 링컨의 노예해방선언은 1863년. 하지만 여기 221년을 더하면 2084년이라는 까마득한 미래가 된다. 번역 수업 중간에 덧셈 연습이 한참 이어지는 재미있는 상황이 벌어졌다.

그렇다면 결론은? 1787년의 '헌법제정회의'였다. 여기에 221년을 더하면 2008년이 나온다. 미국이 주들의 연합에서 한 나라로 태어나게 된 출발점이었다고 한다. 연설문의 제목도 단서가 된다. '보다 완벽한 공동체'는 미 헌법 서문에 등장하는 표현이기 때문이다.

이 문장을 처리하는 가장 편안하고 게으른 방법은 '이 문서'라고만 옮기는 것이다. 번역가는 문서의 정체를 파악하지 않은 채 단어만 바꿔 주고 미국 역사에 익숙하지 않은 한국 독자들 대부분도 뭔지 모르고 넘어가게 되는, '너도 모르고 나도 모르게' 방치하는 방법이다. 다행히 학생들은 그 길을 가지 않았고 고민을 시작했다. 그래서 독립선언문이라는 안이 나왔다. 거기서 끝나서는 곤란하다. 221년이라는 조건이 나와 있으므로 덧셈으로 검증을 해야 한다. 안 맞으면 그 안은 폐기되고 다른 대안을 찾아야 하는 과정이 반복되는 것이다.

《한밤중에 개에게 일어난 의문의 사건*The curious incident of the dog in the night-time*》이라는 소설이 원문으로 선택되었을 때는 '오렌지'라는 단어 하나가 고민거리였다.

원문

He had a big orange leaf stuck to the bottom of his shoe which was poking out from one side.

번역문

경찰관의 신발 바닥에 붙은 '커다란 오렌지 잎사귀'가 한옆으로 삐죽 모습을 드러내고 있었다.

　오렌지 잎사귀라니, 이건 진짜 오렌지 나무의 잎사귀를 말하는 걸까? 아니면 오렌지색 단풍잎을 말하는 걸까? 전자의 가능성을 확인하려면 공간적 배경을 고려해야 한다. 영국 런던에서 조금 떨어진 소도시 스윈던이 이 상황의 공간 배경이다. 오렌지 나무는 햇볕이 내리쬐는 따뜻한 곳에서 자란다고 하니 스윈던에서 키우기는 어려워 보인다. 경찰관 신발 바닥에 달라붙으려면 길거리에 오렌지 잎사귀가 수북했어야 할 텐데 영국의 오렌지 나무 가로수라니 더더욱 가능성이 낮다. 신발 한옆으로 살짝 일부 모습이 드러난 푸른 잎이 오렌지 나뭇잎이라 바로 알아본다는 것도 납득이 가지 않는다. 이로 미뤄 볼 때 오렌지 잎사귀는 오렌지색 단풍잎일 가능성이 높다.
　다음은 한국어로 어떻게 옮길 것인지가 문제이다. '커다란 단풍잎'으로 하면 될까? 오렌지라는 시각적 묘사를 살리는 것이 좋을까? 오렌지라는 단어가 굳이 사용된 데는 작가의 어떤 의중이 숨어 있을까? 작품 안 다른 곳에 또다시 오렌지나 오렌지 잎사귀가 등장하는 부분은 없나? 이렇게 질문을 거듭한 끝에 학생들은 '오렌지색 단풍잎'이라는 표현으로 일단 결론을 내렸다.
　〈내 여자친구〉(Mima Simić의 〈*My Girlfriend*〉)라는 단편이 원문으

로 다뤄질 때는 마지막 두 문단이 대체 어떤 상황인지를 두고 학생들의 의견이 갈렸다. 몹시 에로틱하다고 본 학생들이 있는 반면 여기에 에로가 어디 있느냐고 펄쩍 뛴 학생들도 있었다. 문제 된 부분을 한국어로 소개하면 이렇다.

> 하루는 내가 멋진 이야기를 찾아냈다. 맹인에게 대성당을 그려주면서 신에 대한 믿음을 회복한 남자의 이야기였다. 이걸 여자친구에게 읽어주고 우리 성생활을 회복할 생각에 잔뜩 신이 났다. 함께 침대에 누웠을 때 나는 책을 꺼내 천천히 감각적으로 책을 읽었고 혹시 내가 대성당을 그려줬으면 하는지 물었다. 이미 볼펜을 들고 무릎 위에 두꺼운 종이를 펼쳐 준비를 완료한 상태였다.
>
> 내 여자친구는 웃었다. 웃음소리가 그 어느 때보다 더 컸다. 그리고 살며시 내 손을 잡더니 내 평생 본 중에 가장 완벽한 대성당을 그려냈다.

〈내 여자친구〉는 남자친구가 1인칭 서술자가 되어 맹인인 여자친구를 소개하는 작품이다. 앞이 안 보인다 뿐 멋쟁이고 매력 넘치는 여자친구이다. 이 여자친구가 남자친구의 손을 잡고 대성당을 그려내는 장면을 어떻게 이해해야 할 것인가가 문제였다.

남자친구가 읽었다는 이야기는 레이먼드 카버의 단편 〈대성당〉으로 보인다. 아내를 찾아온 맹인 남자가 영 못마땅하던 남편이 TV 방송에 나오는 대성당이 어떤 모습인지 알려주기 위해 자기 손 위에 맹인의 손가락을 얹고 종이 위에 대성당을 그려 가면서 진심으로 소통하게 된다는 이야기이다. 다만 〈대성당〉에서는 눈 뜬 사람이 맹인의 손을 얹고 대성당을 그리지만 〈내 여자친구〉에서는 맹인이 눈 뜬 사람의 손을 얹고 대성당을 그린다는 차이가 있다.

이게 가능한 일일까? 에로틱한 해석은 그것 때문에 나왔다. '가장 완벽한 대성당'이란 '가장 완벽한 섹스'의 은유라는 주장이었다. 여기 동의하지 못하는 학생들은 그렇게 해석하는 근거가 무엇인지 물었다. 두 연인이 동거를 시작한 후 어느 정도 식상해진 '성생활을 회복할 생각'이라는 표현, 그리고 함께 침대에 누워 있는 상황 외에 뚜렷한 근거는 사실 없다(대성당을 뜻하는 영어 단어 cathedral이 속어로 여성 성기를 의미하는 경우가 있긴 하다).

여자친구가 대성당을 그렸다고 생각하는 학생들은 사실은 여자친구가 맹인이 아니었다는, 그때까지 감춰왔던 진실을 그림을 그리면서 드러낸 것이라는 주장까지 내놓았다. 하지만 그렇게 오랫동안 지속적으로, 심지어 남자친구가 나간 척 하고 숨어 지켜보는 상황에서까지 거짓 맹인 노릇을 했다는 건 설득력이 없어 보였다.

명확한 결론은 나지 않았다. '대성당 그리기'를 은유로 보든 아니든, 번역문이 크게 달라지지는 않는다. 하지만 그렇다고 해도 번역가는 계속 의심해야 한다. 은유로도, 은유가 아닌 것으로도 읽히게 하는 것이 작가의 의도였다면 번역가는 그 의도를 간파하고 번역문이 어떻게 읽히도록 할지 결정해야 하니 말이다.

유머 번역의 괴로움

유머는 소통의 활력소라지만 통번역사에게는 큰 도전이다. 통역할 때 누군가 유머 한마디 하겠다고 나오면 절로 긴장이 된다. 단번에 유머 포인트를 파악하고 그걸 전달해야 하는데 이 일이 결코 쉽지 않은 것이다. 한국 고위 공무원들이 카자흐스탄 대사와 만나는 자리에서 겪은 일이다. 대사는 사찰음식 전문 식당이라는 장소에 대한 불만을 표현하기 위해 "늑대 다음으로 고기를 많이 먹는 사람들이 누구인지 아느냐?"라는 농담 섞인 질문을 던졌다. 나는 영문을 모르고 그대로 옮길 수밖에 없었다. 카자흐스탄 사람들이 고기 빠진 식탁을 차리지 않는다는 걸 몰랐으니 맥락을 파악하지 못했던 것이다. 뼈 있는 농담이 한참 설명해야 하는 문장으로 바뀌면서 한방의 효과는 사라졌다.

번역이라면 통역에 비해 고민할 시간 여유가 조금 더 있으니 상황이 낫다. 그래도 어렵기는 마찬가지다.

〈마이펫의 이중 생활〉이라는 동물 애니메이션의 한 장면이 수업 시간의 번역 원문으로 선정되었을 때 일이다. 트럭에 실려 사라진 친구 강아지 맥스를 찾으려는 기젯이 도시를 돌아다니다 사나운 매 티베리우스를 만난다. 도움을 청하는 기젯에게 티베리우스는 다정한 척 말하지만 실은 당장 잡아먹어야겠다는 생각뿐이다. 그러면서 "You're a very thoughtful food. Food? I didn't say that. I said friend."라는 말을 한다. 아차 하는 사이에 기젯을 음식food이라고 불렀다가 곧 친구friend로 수정하는 것이다. 첫 글자 F 하나만 공유된다는 면에서 세련된 언어 유희는 아니지만 어떻든 유머스러운 장면이다. 번역한 학생들의 안은 이러했다.

① 넌 참 생각이 많은 음식이구나. 음식? 그런 말 한 적 없는데. 친구라고 했어.
② 넌 정말 사려 깊은 먹이구나. 먹이가 아니라 내 말은 먹.아이.

첫 번째 안은 말장난을 포기하고 그냥 했던 말을 취소해 버리는 데 그쳤다. '생각이 많은 음식'이라는 말 자체가 재미있기는 하지만 아쉬움이 남는다. 두 번째 안은 나름 말장난을 시도했지만 해독이 쉽지 않다. '돌아이'에서 착안해 먹는 것을 좋아하는 아이라는 의미로 '먹아이'라는 말을 고안했다. 하지만 자막을 접한 관객들이 순간적으로 그 의미를 파악하기는 어려워 보인다. 수업 중 토론에서는 그럴듯한 대안도 나왔다. 과연 여러 명이 머리를 맞대니 훨씬 나았다.

  ① 년 정말 사려 깊은 먹이구나. 먹이? 아니 그게 아니라 멍멍이 말이야.
  ② 년 정말 생각이 깊고 맛있는… 아니 멋있는 친구구나.

연극 대본을 번역하게 되었을 때도 흥미로운 부분이 등장했다. 〈도로교통공단의 폭군DMV tyrant〉이라는 짧은 단막극이었다. 운전면허증을 재발급받아야 하는 민원인과 아무리 설명해도 상황을 이해해 주지 않는(혹은 이해해 줄 생각이 없는) 창구 직원이 입씨름을 벌인다. 민원인의 이름 아그니스 제임스의 철자를 확인하는 다음의 긴 대사는 공무원의 비협조적인 모습을 보여주면서 웃음을 유발한다.

Is that A as in aardvark, G as in gesundheit, N as in nincompoop, E as in excruciating, S as in seawater, pause pause, J as in Jupiter, A as in Agnes, M as in Mary, E as in excruciating, and S as in slow, lingering, death?

이름과 성의 각 철자로 시작되는 기상천외한 단어들이 나열된다. 심지어 두 번째로 등장한 A를 확인하기 위한 단어는 다름 아닌 민원인의 이름 아그니스이다. 아그니스를 확인하기 위한 앞의 긴 절차가 전혀 필요 없었던 셈이다. 이에 대해 한 학생은 다음과 같은 기발한 번역을 내놓았다.

그게 아비규환의 아, 그물코쥐치의 그, 니코틴 중독의 니, 스미마셍의 스, 그리고 제박하다의 제, 임질의 임, 스멀스멀 기어드는 죽음의 스인가요?

철자 확인 용도로는 사용되지 않을 것 같은 어렵고 복잡한 단어, '스미마셍'이라는 외국어, '스멀스멀 기어드는 죽음'이라는 긴 표현의 제일 앞 부사어 등에서 원문의 웃음 포인트가 차용되었다. 연극 대사로 등장한다면 충분히 관객의 폭소를 유발할 만하다.

이 번역이 특히 돋보였던 것은 함께 번역조가 된 다른 학생들이 번역을 포기했기 때문이다. 한 학생은 'aardvark의 A, gesuntheit의 G…'라고, 다른 학생은 'aardvark(땅돼지)의 A, gesundheit(건강 조심하세요)의 G…'라고 놓아두었다. 실제 연극 대본으로 사용될 것을 염두에 두고 번역하는 상황에서 이런 선택은 곤란하다. 연출가나 감독이 어떤 결정을 내리게 될지는 알 수 없지만 번역가 입장에서 나름대로 최선의 대안을 제시해 주는 것이 책임 있는 태도일 것이다.

위 사례들은 유머라는 것을 쉽게 알아볼 수 있었지만 때로는 유머임을 판단하는 일부터 번역가에게 맡겨진다. 해당 언어권 사람들이 모두 익히 아는 개념을 빗대는 유머인 경우 외국인 번역가는 눈치 못 채고 넘어갈 수도 있기 때문이다. 최선을 다해 찾아보긴 해야겠지만 어차피 이런 유머는 설명 없이는 전달 안 될 것이 분명하니 어쩌면 번역을 거치면서 사라져야 하는 운명인지도 모른다.

당신의 한국어는 안녕하십니까?

번역을 한다고 말하면 '외국어를 잘하는 모양'이라는 반응이 나온다. 물론 번역가에게는 외국어 능력이 필요하다. 하지만 외국어 못지않게, 아니 훨씬 더 중요한 것이 모국어인 한국어 능력이다. 통번역을 가르치는 선생들은 학생의 외국어 능력이 좀 떨어지더라도 한국어가 좋으면 성장 잠재력이 크다는 말을 하곤 한다. 이와 대조적으로 여러 언어권을 돌아다니며 성장해 그 어느 언어도 모국어 수준에 이르지 못한 경우는 통번역 일을 하기가 쉽지 않다. 새로운 언어 학습은 자기 안에 이미 자리 잡은 언어에 기대어 이루어진다. 아는 언어와 비교하고 공통점과 차이점을 분석하며 학습이 진행되는 것이다. 다소 과감하게 말하자면 이렇게 볼 때 새로 학습한 언어 수준은 모국어 수준을 넘어서기 어렵다고도 할 수 있다.

태어나서 제일 처음 배운 말이 한국어이고 평생 한국어를 사용하며 살아 왔으니 자신의 한국어는 당연히 훌륭하다고 생각하는가? 착각이다. 의사소통이나 사회활동에는 문제가 없을지 모르나 번역을 하려 한다면 내 한국어 어느 부분에 어떤 구멍들이 나 있는지 찾고 메워 나가는 노력이 지속적으로 필요하다.

번역을 위한 한국어 능력이란 대체 무엇일까? 한마디로 답하기는 어렵다. 여러 요소가 층위를 이루고 있기 때문이다. 개략적으로 어떤 요소가 있는지 살펴보자.

첫 번째, 가장 표면에 자리 잡은 것은 맞춤법과 띄어쓰기다. 번역문에서 제일 먼저 눈에 띄는 요소이다. 아무리 공들인 번역이라 해도 맞춤법 실수 하나 나오면 와르르 망가진다. '맞춤법도 제대로 모르는 수준 이하의 번역가'가 되는 것이다. 그런데 한국어의 맞춤법과 띄어쓰기는 참으로 어렵다. 완벽히 통달한 사람을 찾기 어려울 정도다. 자신도 모르게 평생 늘 틀리게 써온 맞춤법과 띄어쓰기가 있게 마련이다. 해결책은? 부지런히 찾아보는 것 외에는 방법이 없다. 조금이라도 미심쩍다 싶으면 뭐가 맞는지 찾아보고 또 일상의 읽을거리에서도 평소 알았던 것과 다른 표기를 발견하면 혹시 내가 잘못 안 것은 아닌지 확인해 두어야 한다. 나도 번역을 시작하기 전에는 '금새'가 아니라 '금세'라는 것, '뗄레야 뗄 수 없는'이 아니라 '떼려야 뗄 수 없는'이라는 것을 알지 못했다.

'어떻게 먹었는지 모른다'와 '먹은 지 오래 되었다'의 띄어쓰기,

'로서'와 '로써'의 맞춤법 차이는 학생들이 늘 저지르는 단골 오류이다. 쓸 때마다 신경을 쓰고 헷갈리면 다시 찾아보아야 한다. 다행히 찾아 확인하기는 어렵지 않다. 다만 인터넷으로 검색할 때는 믿을 만한 출처인지를 점검해야 한다.

많은 사람들이 잘못 사용하는 맞춤법이라 해도 번역가는 틀리지 말아야 한다. 지금 상황을 보면 조만간에 '로서'와 '로써', '가르치다'와 '가리키다'의 구분이 사라지지 않을까 하는 생각도 든다. 하지만 번역가는 어문 규정이 바뀌는 최후의 순간까지 올바른 표기를 고수해야 하는 사람이다. 쉼표, 쌍점(콜론), 줄표 등 문장부호가 언제 어떤 의미로 쓰이는지도 확인해 두어야 한다. 원문에 나온 문장부호를 아무 생각 없이 한국어 번역문에 그대로 가져오는 행동은 곤란하다. 언어별로 문장부호 사용법이 다르기 때문이다. 외래어를 소리 나는 대로 음차할 때도 표기 규칙에 맞춰줘야 한다.

맞춤법과 띄어쓰기를 넘어선 표현의 문제에서도 번역가는 보수적인 모습을 보일 수밖에 없다. '가장 널리 일반적으로 쓰이는 표현'을 찾아 쓰게 된다는 점에서 보수적이다. 특정 명사는 어떤 형용사 및 동사와 주로 함께 쓰이는지, 특정 동사는 어떤 부사와 전형적으로 결합하는지 늘 생각하고 확인하게 된다. 전형을 벗어난 조합은 독자들의 읽기에 부담을 주고 심지어 방해까지 되기 때문이다. 읽는 사람이 가장 에너지를 덜 들이고 가장 편안하게 이해할 수 있도록 글을 써야 한다.

초보 번역 선생 시절, 학생의 번역에서 '유방 절단 수술'이라는 표현을 보고 한참 웃은 적이 있다. 의미 자체는 틀리지 않는다. 하지만 전형적으로 그렇게 쓰지 않는다는 점이 문제이다. 조금만 검색해 보면 '유방 절제'를 찾아낼 수 있다. '유방 절단'은 비극성을 강조하거나 냉소적인 느낌을 전달하는 등 무언가 색깔을 입힐 때나 가능한 표현일 것이다.

영화 〈트루먼 쇼〉의 한 장면을 보자. 생방송 쇼로 방송되는 삶을 사는 주인공 트루먼은 성장한 후 뭔가 이상하다는 낌새를 채기 시작한다. 그리고 여자친구에게 조금만 기다리면 빨간 자전거 탄 여자, 꽃을 든 남자, 앞부분이 찌그러진 폭스바겐이 지나갈 것이라 예견한다. 그리고 그대로 된 후 "They're on a loop."라고 말한다. 쇼에 동원된 배우들이 일정한 시간 간격을 두고 반복해 등장한다는 의미의 대사이다. 학생들은 이 대사를 이렇게 번역했다.

① 그들은 루프 위에 있어.

② 쟤네들 모두 무한 루프에 걸린 거야.

③ 저것들은 계속 반복되고 있어.

첫 두 번역은 무슨 의미인지 잘 다가오지 않는다. 원문의 루프라는 단어를 벗어나지 못해 이런 상황을 표현하는 한국어를 떠올리지 못한 것이다. 이 번역 대사를 읽는 사람들은 무슨 말인지 이해하기 위해 고심할 테고 말이다. '무한 루프'라고 말하면 딱 알아들을 수 있어야지 무슨 소리냐고 묻고 싶은가. 혼자만의 생각이다. 나 자신이 아닌 대다수가 그 단어, 그 문장을 보고 어떻게 받아들일지 내다보고 필요한 조치를 취해야 한다.

영화의 다음 장면은 이렇다. 당황한 여자친구가 대화를 다른 방향으로 돌리려 애쓰는 와중에 트루먼은 운전하던 차의 속도를 갑자기 높이며 달리기 시작한다. "I'm being spontaneous."라고 말하면서. 학생들의 번역은 이러했다.

① 즉흥적으로 하려고.

② 내가 지금 즉흥적이려나 봐.

③ 나 지금 즉흥적이야.

역시 원문의 단어를 벗어나지 못한 선택이다. 'spontaneous'라는 단어를 사전에서 찾으면 '즉흥적'이라고 나오기는 한다. 하지만 한국어에서 '즉흥적'은 용례가 제한적인 단어이고 위와 같은 표현은 몹시 낯설다. 수업 시간에 논의할 때는 '기분 내키는 대로 하다', '내 멋대로 하다', '막 나가다'와 같은 멋진 대안들이 등장했다. 어휘의 사전적인 뜻에 매이지 말라는 교훈을 남기는 사례이다.

비슷한 의미의 용어들 중에서 해당 상황에는 어떤 것을 골라 써야 하는지 고민하게 되는 일도 자주 벌어진다. 특허 소송 배심원들이 내린 결정은 '평결'인가, '판결'인가, '판정'인가? 용례를 찾아봐야 결정이 가능하다. 또한 번역문이 신문 기사인지 설명문인지 연설문인지에 따라서도 선택이 달라질 수 있다. 장르 별로 정확한 용어 사용에 대한 요구 수준이 다르기 때문이다.

문장 쓰기로 넘어가 보자. 번역가의 문장에는 비문이 없어야 한다. 문법적 오류가 없어야 한다는 말이다. 주부가 술부와 제대로 호응을 이루고 있는지, 명사구가 나열되는 중간에 갑자기 문장 형태가 튀어나와 흐름을 깨지는 않는지, 조사 오류가 없는지 늘 살펴야 한다. 단숨에 써 내려간 문장이 문제 없이 정확하기는 어렵다. 정확도는 얼마나 여러 번 다시 읽고 오류를 점검하고 고쳐 썼는지에 따라 결정된다. 번역은 품이 들어간 만큼 결과물이 나오는 작업이다. 물론 문법적 정확성에 대해 평균보다 조금 더 민감한 사람이라면 번역 일에 더 맞을 수 있다(하지만 이런 사람은 일상에서 마주치는 수많은 문법 오류를 감당하느라 심신이 피곤해진다는 단점이 있다).

간명한 문장을 써야 한다는 점도 기억해야 한다. 불필요하게 늘어지는 문장은 독자의 이해를 방해할 뿐이다. 문장이 최대한 간단하고 명확해지도록 다듬어야 한다. 인칭 대명사가 과다하게 사용되어 혼란스럽지는 않은지, 동일하거나 비슷한 표현이 반복되지는 않는지 살펴야 한다. '무엇의 무엇의 무엇'이라는 식으로 '의'가 거듭되거나 '어쩌고 있고 저쩌고 있고'처럼 '고 있다'라는 술어가 괜히 거듭되는 일도 피하는 것이 좋다.

이렇게 문장을 다듬는 과정에서 나는 번역 투의 문제도 해결된다고 생각한다. 대다수 독자가 바로 이해하고 처리할 수 있는 표현이라면 '한국어답지 않은 외국어의 흔적'도 괜찮다. 어차피 언어는 상호작용하면서 표현력을 확장하는 법이니 말이다.

모든 번역이 독자의 이해 부담을 최소화해야만 하는 것은 아니다. 다만 출발점이 여기라는 점이 중요하다. 어떻게 써야 가장 쉽게 이해 가능한지를 알아야 다음 단계로 갈 수 있다. 어디를 얼마만큼 가공해 어렵게 만들어야 할지 작전이 세워지는 것이다.

내 한국어가 안녕하다는 안이한 생각을 떨쳐내고 한국어를 계속 닦아 나가는 노력, 이는 번역 수업의 중요한 한 부분을 이룬다. 번역가의 삶을 살지 않더라도 이 깨달음은 누구에게나 필요하리라 생각한다.

나무 아닌 숲을 보기

해석학이라는 학문을 우연히 수박 겉핥기식으로나마 접하게 되었을 때 내 마음을 단번에 사로잡은 말이 있었다. '모든 텍스트는 질문에 대한 대답이다.' 그렇다, 텍스트는 대답일 뿐이다. 질문이 무엇이었는지는 텍스트에 나오지 않는다. 고심하며 뜯어 읽는 과정에서 질문을 찾아내야 한다. 텍스트를 앞에 둔 번역가는 거기 담긴 질문과 대답을 찾아내야 한다. 어떤 상황, 어떤 의도, 어떤 조건에서 어떤 질문에 대해 텍스트가 응답하고 있는지를 말이다.

단어나 문장이라는 나무에 매달려 있으면 텍스트라는 숲을 볼 수 없다. 번역의 대상은 나무가 아니라 숲이다. 문장 하나하나를 꼼꼼히 번역하면 저절로 숲이 되려니 생각한다면 오산이다. 숲은 나무들을 단순히 더한 것보다 더 크다. 숲을 보려면 나무들의 배치가 만들어 내는 그림을, 바꿔 말해 글쓴이가 하고자 하는 말을 파악해야 한다.

이런 생각 때문에 번역 수업의 첫 주에 나는 한 쪽 길이의 칼럼을 가져 가 모든 학생들과 토론을 벌인다. 각자 칼럼을 읽은 다음 핵심을 한 문장으로 요약하는 것이 시작이다. 서로 다른 한 문장 요약이 여러 개 나오기도 한다. 글이란 읽는 사람에 따라 달리 보이는 법이니 말이다. 이런 상황이라면 여러 요약문을 비교 검토하면서 흥미진진한 의견 교환이 이루어진다. 왜 어떤 이유로 나는 글의 핵심이 이것이라 여기는지 다시금 생각해 볼 기회가 된다.

한 문장 요약 다음으로는 세 문장 요약, 다섯 문장 요약 연습도 가능하다. 이 과정을 거치면 가장 중요한 정보, 그 다음으로 중요한 정보, 세 번째 단계로 중요한 정보가 정리된다.

문단들이 어떤 방식으로 전체 텍스트를 구성하고 있는지 살피는 것도 좋은 연습이다. 글쓴이는 문단을 통해 생각을 전개하고 논리를 제시하기 때문이다. 문단마다 번호를 붙인 후 문단 간 관계를 검토한다. 2 문단은 1 문단의 내용을 확장하는 것일 수도, 사례를 제시하는 것일 수도, 반박일 수도, 보충 설명일 수도 있다. 각 문단의 특성을 알아 내려면 문단을 구성하는 문장들을 봐야 한다. 문장들 역시 서로 엎치락뒤치락 긴장 관계를 구성하고 있다. 어느 문장이 주인공인지, 어느 문장이 주인공 문장을 떠받치는 배경이자 조연인지 구분해 내야 한다.

문단의 구성요소 살피기 사례

문단	내용
1	주의를 집중시키기 위한 사례 제시
2	사례를 바탕으로 사안 분석
3	
4	해결 방안 제시
5	
6	
7	반박 예측 및 재반박

　문단들의 특성이 어느 정도 파악되었다 싶으면 글의 흐름에 따라 문단들을 묶어 본다. 예를 들어 '1 문단은 독자의 주의를 집중시키기 위한 충격적인 사례 제시, 2, 3 문단은 사례를 바탕으로 한 사안 분석, 4, 5, 6 문단은 해결 방안 제시, 7 문단은 반박 예측과 재반박'이라는 분석이 나올 수 있다. 이 과정을 거쳐 중요한 문단과 중요하지 않은 문단이 구분된다. 가장 중요한 문단이 무엇인지도 찾을 수 있다. 원문 저자의 메시지를 담은 핵심 문단 말이다. 핵심 문단의 메시지를 이해하고 다른 문단들을 바라보면 저자가 왜 문단들을 그렇게 구성했는지 조금 더 이해가 갈 것이다.

　문단이나 문장 차원을 떠나 텍스트 곳곳에서 반복되어 등장하는 개념, 단어, 표현도 중요하다. 동일 단어가 여기저기에 두세 번 나왔다면 주의 깊게 살펴야 한다. 글쓴이는 의도 없이 반복하지 않는다. 핵심 개념이라는 것을 보여주기 위해 반복하기도 하지만 조금씩 다른 의미를 부여하면서 반복하기도 한다. 서양어에서는 동일어 반복을 촌스럽다고 여겨 조금씩 변형시키는 경향이 있으므로 더욱 주의해야 한다.

사실 내가 더 좋아하는 비유는 나무와 숲보다는 양탄자이다. 번역가가 마주하는 원문은 온갖 무늬와 색깔이 들어간 양탄자와 같다. 푸른 강이 흐르고 높은 산이 솟고 새들이며 꽃들도 있다. 번역가는 텍스트 안에서 어느 어휘, 어느 문장이 배경이고 또 다른 어느 어휘, 어느 문장이 두드러진 무늬를 그려내는 강이나 산, 새와 꽃인지 알아내야 한다. 글쓴이가 짜둔 양탄자를 예리한 시선으로 포착해야 한다. 핵심 메시지는 직접적으로 드러날 수도 있지만 교묘히 감춰지기도 한다. 곰곰이 생각하며 여러 번 곱씹어야 양탄자 그림이 파악될 것이다.

이렇게 애를 써야 하는 이유가 무엇이냐고? 원문의 양탄자가 어떤 모습인지 알고 나야 이를 바탕으로 번역문이라는 새로운 양탄자를 짤 수 있기 때문이다. 본래 양탄자 형태를 고스란히 재현할 수도 있고, 독자를 위해 약간 변형을 가해 무늬를 더 선명하게 만들 수도 있다. 원문 독자와 번역문 독자의 배경지식 차이, 사고방식 차이를 고려해 번역가가 나름의 조치를 취할 수 있으니 말이다. 중요한 것은 번역 결과물이 무질서한 색과 선들의 조합으로 뭉개져서는 안 된다는 점이다. 이렇게 완성된 번역문 양탄자를 접한 독자들은 중심 무늬가 무엇인지 어디가 배경이고 어디가 강조점인지 알게 된다.

텍스트 길이가 길어져도 마찬가지다. 책 한 권이라 해도 한 줄 요약이 가능하다. 책이라면 문단과 문단의 관계를 넘어서 장들의 관계, 부들의 관계도 파악해야 할 것이다.

숲을 바라보고 양탄자를 식별하면서 번역가는 자기 생각을 계속 의심하게 된다. 제대로 보고 있는 걸까? 엉뚱한 방향으로 오해하는 건 아닐까? 참고가 될 만한 다른 자료를 수집해야 할 수도 있다. 글쓴이가 쓴 다른 글들, 글쓴이에 대한 다른 이들의 평가, 글쓴이가 사는(살았던) 시대와 공간의 특징 등등을.

번역은 이렇듯 치열한 읽기를 요구한다. 이는 번역뿐 아니라 글을 매개로 한 의사소통을 더 적극적으로 하게 만드는 연습이 된다. 번역 교육을 받는 모든 학생이 번역가가 되지는 않겠지만 번역을 연습하며 경험한 치열한 읽기는 이후의 삶에 아마도 긍정적인 영향을 미치지 않을까 기대한다.

제목 번역은 왜 어려운가

제목은 글의 문패이다. 제목이라는 문패는 친절할 때도 있지만 문을 통과해 보게 될 광경이 무엇인지 영 상상하기 어려울 때도 있다. 훤히 다 드러내는 것이 단조롭고 재미도 없다고 여기는 글쓴이들은 나름대로 머리를 짜내 제목을 붙인다. 번역가는 그 글쓴이의 머릿속을 들여다보며 제목을 이해해야 하고 이어서 번역문 독자들을 위해 제목을 구상해야 한다.

학기 초에 학생들과 함께 살펴본 번역 사례 글로 '굶주리지 않는 괴물'이라는 제목의 칼럼이 있었다(매일경제신문, 2013년 1월 6일자). 미국 경제학자가 쓴 'The unstarvable beast'를 축약 번역한 글이었다. 한국어판 칼럼을 살펴보는 과정에서는 제목의 의미를 끝내 이해할 수 없었다. 원문을 읽어 보니 제일 마지막 부분에 가서야 궁금증이 풀렸다. 다음과 같은 문장이 나왔기 때문이다.

As US President in the 1980's, the conservative icon Ronald Reagan described his approach to fiscal policy as "starve the beast": cutting taxes will eventually force people to accept less government spending.

번역문

1980년대의 미국 대통령으로 보수의 아이콘인 로널드 레이건은 자신의 재정 정책을 '괴물 굶기기'라고 표현했다. 세금을 낮춰 궁극적으로 국민들이 정부 지출 삭감을 받아들이도록 하자는 것이다.

정부의 서비스를 효율화하고 점차 민간 부문으로 옮겨야 한다는 칼럼의 요지를 뒷받침하는 표현인 '괴물 굶기기'를 살짝 비틀어 제목으로 삼은 것이다. 괴물을 굶겨야 하는데 국민들은 자꾸만 더 많은 정부 서비스를 기대하고 결국 정부 지출이 증가해 가는 상황을 'The unstarvable beast'라고 표현했다. 한국어판 칼럼에서 제목을 끝내 이해할 수 없었던 이유는 제목 추론에 결정적이었던 위의 문장을 다음과 같이 번역했기 때문이었다.

1980년대 보수주의 상징인 로널드 레이건 미국 대통령은 그의 재정 정책에 대한 접근방법을 두고 "정부를 굶겨라"라는 표현을 사용했다.

'굶기다'라는 단어는 옮겨졌지만 '괴물'이 '정부'로 바뀌었고 독자들은 대체 괴물이 무엇인지 알 수 없게 되었다. 이 상태라면 제목은 '굶주리지 않는 정부'라 붙어야 했을 것이다. ('굶주리지 않는'이라는 표현이 적절한지는 별도로 고민해야 할 문제이다. '굶주리게 내버려 두기 어려운', '도무지 굶길 수 없는' 등 약간의 설명을 덧붙여야 납득이 갈 것으로 보인다.)

'굶주리지 않는 괴물'이라는 불친절하고 무신경한 칼럼 제목은 번역 과정에서 원문 제목에 대한 검토가 없었던 탓으로 보인다. 번역을 시작하면서 원문 제목을 그냥 옮겨 두고 다시 쳐다보지 않았을 가능성이 높다. 번역 과제를 하는 학생들도 자주 보이는 모습이다.

제목은 전체 텍스트의 압축이다. 제목을 보면서 독자(그리고 번역가)는 다시금 글의 핵심 메시지, 글쓴이의 의도를 확인하게 된다. 글쓴이는 글을 쓰는 과정에서, 또 글을 쓰고 난 다음에 몇 번이고 제목을 고치곤 한다. 자기 글을 가장 잘 드러내는 제목을 선택하기 위해서이다. 그러니 당연히 번역가도 원문을 읽기 시작할 때, 읽는 중간중간에, 다 읽고 난 후 제목이 그렇게 붙은 이유를 생각해 보아야 한다.

학생들의 번역을 살펴보는 수업 시간에도 제목 이야기가 나오는 경우가 적지 않다. 전체 내용을 잘 드러내지 못하는 제목, 무슨 뜻인지 이해하기 어려운 제목이 문제로 등장한다.

'A gift for two'라는 제목이 붙은 글은 공원에 놀러 가 핫도그를 사먹으려다가 식어 버린 핫도그를 공짜로 얻은 사람이 쓰레기통을 뒤지는 배고픈 노숙자를 보고 핫도그를 사서 건네 준 이야기를 담고 있었다. 배려는 널리 퍼져 나가는 법이라는 표현, 내게서 무언가 받은 사람이 다시 누군가에게 무언가를 주게 될 것이라는 문장에서 제목의 의미를 유추할 수 있었다.

한 학생은 제목을 '둘만의 선물'로, 또 다른 학생은 '둘을 위한 선물 하나'로 옮겼다. 오해의 여지가 있는 번역이었다. '둘만의 선물'은 연인 등 특별한 관계의 두 사람이 오로지 서로만 나누는 선물로, '둘을 위한 선물 하나'는 선물 하나를 두 사람이 함께 받는 상황으로 해석되기 때문이다. 글을 다 읽고 난 후라면 '둘만의 선물'은 불가능한 선택으로, '둘을 위한 선물 하나'는 어렵게 납득할 수는 있지만 썩 와 닿지는 않는 번역으로 보이게 된다.

그럼 어떻게 번역하는 것이 좋을까? '선물은 하나, 받는 이는 둘', '선물 하나로 두 사람이 행복해지기', '선물 하나는 어떻게 퍼져 나가는가' 등 다양한 대안을 떠올릴 수 있다.

또 다른 사례를 보자. 'How to make to-do list work for you, not against you'라는 글의 제목을 두 학생이 각각 '자기 계획을 실현하는 법', '어떻게 하면 실현 가능한 할 일 목록을 만들 수 있을까?'이라고 번역했다. 글의 내용은 할 일 목록이 스트레스만 안겨 주지 않도록 가능한 한 구체적이고 간단하게 만들라는 것이었다.

'자기 계획을 실현하는 법'이라는 제목은 이 글이 할 일 목록을 다룬다는 정보를 삭제해 버린다. 물론 크게 본다면 할 일 목록도 자기 계획을 실현하는 방법 중 일부이다. 하지만 이 제목은 한 쪽 분량의 짧은 글에 붙이기에는 너무 크고 넓어 글 내용에 대한 정보가 모호해지고 만다. 이와 대조적으로 '어떻게 하면 실현 가능한 할 일 목록을 만들 수 있을까?'는 퍽 구체적인 제목이다. 한데 장황한 느낌이다. '유용한 할 일 목록 만드는 법'으로 압축해도 동일한 의미가 전달된다. 자칫 할 일 목록이 부정적인 영향을 끼치게 되어 버릴 수 있다는 원문의 우려를 반영한다면(이는 제목의 'not against you' 표현에서도 드러난다) '발목 잡는 할 일 목록은 이제 그만'이라는 대안도 가능할 것이다.

지금까지의 사례는 한두 쪽 분량의 짧은 글, 제목을 전적으로 번역가가 결정할 수 있는 경우에 국한된다. 책을 번역한 후 붙이는 제목, 수입된 영화에 붙이는 제목은 마케팅 측면을 고려한 치열한 고민 과정을 거쳐야 하고 대개 번역가의 영역이 아니다. 그럼에도 책이나 영화를 옮기는 번역가는 원문의 제목을 머릿속에 담고 작업할 필요가 있다. 제목은 전체 본문 및 전체 영상과 불가분의 관계를 맺고 있기 때문이다.

제목은 불과 몇 개 단어로 이루어져 길이가 짧지만 그 번역 과정은 결코 짧을 수 없다는 것, 번역가가 기억해야 할 점이다.

번역가는 태어나는가, 만들어지는가?

통번역대학원에서 번역을 가르치는 동료 선생님들과 이야기를 나누던 중 학기 말 성적 부여 방식이 화제에 올랐다. 의견은 크게 두 가지로 갈렸다. 시험에서 얼마나 능력을 발휘했나를 핵심적인 기준으로 삼는다는 쪽과 성실도 및 수업 참여도를 크게 반영한다는 쪽. 실무를 가르치는 교과목이니 실제로 시장에 나가서 일을 맡았을 때 얼마나 능력을 발휘할 수 있는지가 가장 중요하다는 것이 전자의 논리이고 번역 능력은 금방 눈에 띄게 늘어나기 어려우니 학기 중에 얼마나 성실하게 노력했는지가 중요하다는 것이 후자의 논리이다.

나는 후자의 입장이었다. 이유는 간단하다. 시험에서 발휘하는 능력을 기준으로 성적을 주는 전자의 방식으로 가면 학기 초 출발선에서부터 뛰어났던 학생이 학기 말까지 능력을 발휘하며 계속 좋은 점수를 따고 긍정적인 자극과 동기를 받을 확률이 높다. 본래 잘했던 학생은 이렇게 졸업해 유능한 전문가로 활동하고, 본래 뛰어나지 못했던 학생은 좌절을 반복한 후 제대로 일을 하지 못하게 된다면 교육의 의미는 대체 어디에 있단 말인가. 더 나아가 성실도를 반영하지 않음으로써 처음부터 능력이 뛰어났던 학생의 불성실까지도 어느 정도 용인해 버린다면 이건 극단적으로 말해 교육의 포기나 다름없다.

번역 능력은 언어 능력, 분석력, 순발력, 다양한 배경지식 등으로 이루어진다. 번역 교육을 받기 전까지 두 언어로 쓰인 글을 얼마나 많이, 꼼꼼히, 생각을 정리해 가며 읽었는지가 중요하게 작용한다. 그 중 어느 하나도 하루아침에 만들어지지 않는다. 그러니 번역 능력이 한 학기 만에 대폭 높아지기란 참으로 어렵다.

성실도가 중요하다는 내 견해에도 허점은 있다. 이런 생각의 바탕에는 '학교와 선생이 요구하는 과정을 성실히 따라오다 보면 십중팔구 통번역 능력이 향상될 것이다'라는 가정이 깔린다. 정말로 그럴까? 실제로 대부분 학생이 유의미한 발전과 성장을 이루는가? 선뜻 대답하기 어렵다.

번역을 가르치기 시작한 지 얼마 되지 않아 내가 만났던 한 학생은 비문에 극히 둔감했다. 아니, 번역문을 받아 보면 거의 모든 문장이 비문이다시피 했다. 일대일로 마주 앉아 하나씩 고쳐 가면서 이야기를 나눠 보면 이해를 하는 듯했지만 다음 번역은 또다시 비문투성이였다. 그래서 아예 번역을 하지 말고 그냥 우리말로 글을 한 편 써 오라고 했다. 번역문보다는 나았지만 그 글에도 역시 오류가 많았다. 번역문이든 글이든 써 내는 것으로 만족하고 정확도에는 신경을 쓰지 않는 유형이 있는 모양이라고 속으로 결론 내릴 수밖에 없었다. 이런 유형은 번역가로 일하기 어렵다. 훗날 이 학생은 직장에 잘 취직했다는 소식을 전해 왔다. 다행히 직접 번역을 하거나 긴 글을 쓸 필요가 없는 자리인 모양이었다.

성실도와 참여도가 중요하다는 견해는 나 자신의 경험을 바탕으로 하고 있는지도 모른다. 통번역대학원에 입학했을 때 나는 전공 언어인 러시아어 능력이 동료 학생들에 비해 한참 뒤처지는 수준이었다. 동료들은 4년 동안 러시아어를 전공하고 1년씩 현지 어학연수를 다녀온 상태였다. 하지만 나는 학사 편입으로 2년 동안 러시아어를 공부한 것에 불과했고 설상가상 입학 전 1년 동안 회사원 생활을 하는 동안 러시아어와는 담을 쌓다시피 했다. 그리하여 2년의 대학원 생활에서 첫 1년은 악전고투가 따로 없었다.

통번역대학원에는 얌전히 앉아 선생님의 설명을 들으며 수업 시간을 보낼 수 있는 과목이 거의 없다. 매 시간 수업마다 학생들이 돌아가며 통번역 결과물을 보여야 한다. 누가 잘하고 누가 뒤떨어지는지 한눈에 드러난다. 내 외국어 능력이 동기들보다 얼마나 부족한지를 매일, 아니 수업마다 확인했던 셈이다. 좌절감이 컸지만 어쩔 도리가 없었다. 통번역 연습을 하고 배경지식을 키우기 위한 대학원 교과과정을 따라가면서 어떻게든 단시간 내에 러시아어 능력도 함께 끌어 올려야 했다. 힘들게 1년을 보내고 겨울 방학 때 러시아 현지 연수 두 달을 하고 난 후에야 아쉬운 대로 그럭저럭 동료들 수준을 따라잡을 수 있었다.

통번역대학원 1학년 학생이었던 나는 결과를 최우선으로 보는 선생님 눈에 낙제생일 수밖에 없었을 것이다. 고맙게도 당시 나를 가르친 선생님들께서 낙제점을 주시지는 않은 덕분에 1학년을 통과할 수 있었다. 그리고 이 때문에 나는 현재의 성실성이 미래의 능력으로 연결될 수 있다는 믿음을 갖기에 이르렀다.

더 나아가 번역 능력은 현장에서 업무 경험을 쌓으면서 점점 높아진다. 이를 고려하면 교육기관에서 할 일은 향후의 성장을 위한 토대를 닦아주는 것, 더 좋은 결과물을 내기 위해 어떤 방향에서 어떤 노력을 기울여야 하는지 알려주는 것이다. 학교에 다니는 시간은 각기 다른 부분에서 나름의 강점을 지닌 동료 학생들을 보면서 자신에게 부족한 점을 깨닫는 계기로 작용하게 된다.

결론적으로 나는 번역가가 태어나기보다는 만들어진다고 생각한다. 타고난 성향과 어린 시절의 경험도 중요하지만 본격적인 번역 능력은 번역 연습이나 업무를 거치면서 부단히 자신을 닦아 나가는 성실성에 달려 있으니 말이다.

선생의 번역 오류

번역 수업에서 학생들이 내가 번역한 책 일부분을 원문 텍스트로 선정하는 일이 두 차례 있었다. '선생이 얼마나 번역을 잘하는지 어디 한번 보자.'라는 생각보다는 '번역 선생이 어떻게 번역을 했는지 궁금한걸.'이라는 생각이 큰 것 같았지만 어떻든 내게는 민망하고 부담스러운 일이었다.

첫 번째는 《적을 만들지 않는 대화법》이라는 자기계발서였다. 번역조는 출판본을 참고하지는 않았다고 하면서도 원문과 번역문을 게시할 때 참고하라며 출판본 번역도 제공했다. 나는 속으로 잔뜩 긴장해 몇 년 전의 내 번역문을 살펴보았는데 다행히 잘못된 곳은 없었다. 다만 내 손에서 한 번, 편집자 손에서 다시 한 번, 자기계발서에 적합하도록 문장이 간명하게 다듬어지면서 분량이 줄어들었다는 점을 새삼 확인할 수 있었다.

몇 학기가 흐른 후 두 번째로 수업 시간에 등장한 내 번역은 《감정의 롤러코스터》라는 심리 교양서였다. 번역조가 선정한 부분에 하필 번역 오류가 있었다. 얼굴이 화끈거렸다. 다음 부분이었다.

원문

(…) He soon identified the difference between a genuine and a fake smile; the key is a muscle above the eye where the crow's feet form, called the orbicularis oculi. Anyone can fake a smile by raising the corner of their mouth and baring their teeth, but if the muscle above the eye remains motionless the smile looks wooden. (《*Emotional Rollercoaster*》 34쪽)

번역문

(…) 그리고 진짜 미소와 거짓 미소의 차이점도 밝혔다. 여기서 핵심은 까마귀 발 모양의 눈둘레근이었다. 누구든 입꼬리를 올리고 치아를 드러내는 식으로 미소를 꾸며낼 수 있지만 이 문제의 근육이 움직이지 않는다면 그 미소는 공허할 뿐이었다. (《감정의 롤러코스터》 46쪽)

'눈가주름이 생기는 부분에 있는 눈둘레근'이라고 해야 할 것을 '까마귀 발 모양의 눈둘레근'이라 쓴 것이다. 원문 단어 그대로 옮긴 것을 보면 아마도 그때 crow's feet이 무슨 의미인지 찾아보지 않았던 모양이다. 관용적 표현의 의미를 잡아내지 못한 게 첫 오류이고 이 때문에 눈둘레근이 까마귀 발 모양이라고 꿰어 맞춘 게 두 번째 오류이다. 눈둘레근은 안구 전체를 둘러싸고 있으므로 까마귀 발 모양이 나올 수 없다. 번역하면서 눈둘레근의 모양을 확인했어야 하는데 그만 놓쳤다. 'muscle above the eye'라는 원문의 표현은 새삼 의문스럽다. 눈둘레근은 눈 위뿐 아니라 눈 전체를 둘러싸는 근육이기 때문이다.

어떻든 민망하기 짝이 없는 상황이 되었는데 다행히 번역조도 토론조도 출판본에 대해 특별히 언급하지는 않았다. 그래도 학생들에게는 선생 역시 얼마든지 오류를 저지르는 존재임을 확인하는 기회가 되었을 것이다.

번역을 넘기고 책이 출판된 뒤 원문과 번역문을 꼼꼼하게 다시 비교할 일은 사실 거의 없다. 번역가가 아닌 연구자로서 분석 자료로 내 번역을 활용해 논문을 쓰는 경우 두어 차례만 그런 작업을 해보았다. 그리고 그때마다 예외 없이 번역 오류가 발견되곤 했다. 내가 수준 이하의 번역가여서 그렇다면 할 말이 없다. 하지만 사람이 하는 일이다 보니 어쩔 수 없이 원문을 잘못 보는 일도, 번역문의 문법 오류를 저지르는 일도 일어나게 마련이다.

그래서 나는 번역 수업에서 오류에 초점을 맞추지 않으려 한다. 어떤 오류가 얼마나 많이 나왔는지 따지기보다 그 오류가 왜 일어났는지 번역자 스스로 생각해 보는 것이 더 중요하다. 물론 전체 텍스트의 의미를 왜곡하는 중대한 오류는 문제이다. 이런 오류를 저지른 학생은 동료들의 댓글을 통해서, 혹은 다른 학생의 번역과 자기 번역을 비교함으로써 이미 문제를 인식하고 있다. 그러니 수업 시간의 토론은 오류를 짚기보다 번역자의 전략을 드러내는 사례를 중심으로 하는 편이 훨씬 생산적이다.

지금까지 오랫동안, 아니 지금 현재에도 번역을 바라보는 시선은 번역가의 실수나 잘못을 중심으로 하는 경우가 많다. 어떤 일이든 잘된 건 본전이고 잘못된 부분만 두드러지는 법이지만 번역의 경우는 좀 유난하다. 작은 흠집만 있어도 번역 전체가 매도당한다. 이런 식이라면 살아남을 번역이 없다.

한 쪽의 텍스트든, 한 권의 책이든, 한 편의 영화든 번역가는 전체를 한 단위로 삼아 작업한다. 전체라는 한 단위가 원문 독자에게 어떻게 받아들여졌는지, 번역문 독자에게는 어떻게 받아들여져야 적절한지 판단을 내리고 그 단위 안에 어떤 흐름과 특징이 존재하는지 분석하여 전체 번역문이라는 한 단위를 만들어 낸다. 이 작업에 대한 평가가 몇 개 문장의 원문-번역문 비교로, 게다가 잘된 부분은 다 제쳐 두고 잘못된 몇 개 문장에 대한 힐난으로 이루어지는 것은 부당하다.

나는 번역 수업을 들은 학생들, 실제로 번역을 해서 남들 앞에 공개하는 경험을 해본 학생들이 향후 만나게 될 번역가와 번역물에 대해 최소한의 존중을 해주기 바란다. 번역 수업의 한 가지 존재 의의는 여기에 있는지도 모르겠다. 약소 언어를 모국어로 갖고 태어나 대외 관계에 의존하는 우리는 번역 없이는 생존하기 어려운 존재이다. 생존의 중요한 한 축을 담당하는 번역과 번역가는 최소한의 대접을 받을 충분한 자격이 있다.

갑자기 무언가 번역하게 되었다면
생각해야 할 것

번역이 전공이 아니고, 번역이 주된 업무도 아닌 상황에서 무언가 번역해 달라는 부탁이나 지시를 받았다고 하자. 이런 일은 언제 누구에게든 일어날 수 있다. 번역가를 섭외해 일을 맡기려면 시간과 돈, 노력이 든다. 품질보다는 신속함과 편리함이 우선일 때 주변 사람 손을 빌리려 하는 것은 어쩌면 자연스러운 일이다.

수업을 듣는 대학생들은 인턴 직원으로 들어간 회사에서, 자원봉사 하러 간 사회복지 기관에서, 사회복무요원으로 근무하던 공공기관에서 번역을 자주 했다고 이야기하곤 했다. 2010년대 초반에는 FTA 협상문의 번역 오류가 뉴스에 등장했는데 알고 보니 무급 인턴에게 번역을 맡겼다는 점이 드러나 한바탕 난리가 나기도 했다. 1,300쪽에 달하는 번역을 전문 번역사에게 맡기려 하니 너무 비싸서(그래봤자 협정 인준을 위해 지출한 로비성 예산의 1/20 수준에 불과한 액수였다고 한다) 내부 인력으로 해결하려다 빚어진 일이었다. 내부 인력 중에 어차피 전문가는 없고 기존 업무만으로도 바쁜 정규직은 짬을 내기 어려우니 인턴 직원들을 활용한 것이다.

모든 번역을 전문가가 맡아 하는 세상은 아마도 오지 않을 것 같다. 비용도 비용이려니와 전문가의 손을 거쳐야 나오는 품질까지 굳이 기대할 필요 없는 번역 수요가 분명히 존재하기 때문이다. 단어 하나하나 놓치지 않아야 하는 까다로운 번역이 있는 반면 핵심 내용과 분위기만 파악하면 그만인 번역도 있다. 사회 각 분야에서 온갖 층위의 번역이 막대한 양으로 필요한 상황이다 보니 어쩌면 시장이 분리되어 버렸는지도 모르겠다. 번역가가 자기 이름을 내걸고 작업해 익명의 다수에게 결과물을 공개하는 상대적으로 작은 규모의 시장, 그리고 자격이나 능력이 아직 검증되지 않은 이들이 무급 혹은 저가에 서신, 계약 서류, 학술 자료, 영상물 등을 번역해 내는 거대한 시장으로 말이다.

자의든 타의든 후자의 거대한 시장에 휘말려 갑자기 번역을 떠맡았다고 가정해 보자. 그러면 번역 작업에 들어가기 전에 다음 사항을 먼저 확인해 보면 도움이 될 것이다.

1) 누구를 위해 왜 번역하는 걸까?
2) 원문은 누구를 위해 왜 쓰인 걸까?

3) 원문과 번역문의 목표 및 독자 차이를 어떻게 극복할 것인가?

4) 번역에 참고할 자료나 사례가 있는가?

가장 먼저 알아봐야 할 것은 번역을 최종적으로 사용하게 될 사람이 누구인지, 그 번역이 필요한 이유가 무엇인지다. 번역을 맡기는 사람이 최종 사용자라면 상황을 구체적으로 물어볼 필요가 있다. 처음에는 "그냥 적당히 번역해 주면 돼."라는 답변이 나올 것이다. 여기서 포기하지 말고 번역이 어떤 맥락에서 어떻게 활용될 것인지 질문을 던져라. 그래야 의뢰자도 자기 생각을 정리하고 요구를 구체화할 수 있다.

다음으로는 원문의 특성을 파악해야 한다. 원문은 논문인가, 기술 문서인가, 비즈니스 서한인가, 법률 조항인가? 종류에 따라 배경이 되는 전문 지식, 갖추고 있는 형식 요건, 읽고 이해하기 위해 필요한 기간이 달라진다. 이와 함께 원문과 번역문의 공통점과 차이점도 검토하라. 기술 문서인 원문을 해당 분야 기술자들을 위해 번역하는 상황이라면 용어를 풀어 설명할 필요가 없다. 기술자들은 등장하는 용어만 봐도 어떤 내용인지 파악할 수 있으니 그렇다. 반면 기술 문서를 일반인 대상으로 번역하는 일이라면 번역가 자신부터 흠씬 공부할 각오를 해야 한다. 내용을 이해해야 전달할 수 있을 테니 말이다.

일을 맡을 때 혹시 이전에 비슷한 번역이 이루어진 적이 없는지,

있었다면 당시의 원문과 번역문을 찾을 수 있는지는 의뢰자에게 물어보아야 한다. 운이 좋으면 검색을 통해 과거 자료가 나올 수도 있다. 과거 사례를 의뢰자와 함께 살펴보면서 작업의 요구 사항을 구체화하는 기회를 갖는 것도 좋다. 원문을 이해하기 위해 참고자료를 찾는 일에서도 어쩌면 의뢰자가 도움을 줄 수 있을지 모른다. 혼자 막막한 심정으로 참고자료를 찾아 나서기 전에 일단은 묻고 볼 일이다.

떠맡은 번역을 덮어놓고 시작하기 전에 위와 같은 사항을 확인하는 것은 결국 작업 시간을 줄여 준다. 번역 목적을 의뢰자와 함께 확인하다 보면 전체 텍스트를 다 번역할 필요 없이 일부만 옮기거나 요약하는 것으로 충분하다는 결론이 날 수도 있다. 어떤 원문을 어떤 사용자를 위해 어떻게 번역할 것인지 전략부터 세운 상태에서 번역에 들어간다면 우왕좌왕 고민할 시간이 절약된다.

다음으로는 번역 과정에서 스스로에게 계속 던지고 대답해야 할 질문이 있다.

5) 원문에서 핵심이 되는 내용은 무엇일까?
6) 원문에서 중요하게 반복되는 개념이나 표현은 무엇일까?

핵심 내용이 무엇인지를 계속 염두에 두고 번역해야 번역문에서도 그 핵심 내용이 드러날 수 있다. 이를 생각하지 않고 문장만 하나씩 옮겨 준다면 번역하는 사람도 길을 잃기 쉽고 번역 사용자가 핵심을 전달받기란 거의 불가능해진다. 번역 분량이 많지 않다면 원문을 반복해서 꼼꼼히 읽어 보고 핵심을 파악한 상태에서 번역에 들어가는 것이 효율적이다. 이게 어렵다면 핵심이 무엇일까 찾아가면서 1차로 번역을 마친 후 전체를 읽고 수정할 때 핵심 내용을 기억하라.

원문에서 중요하게 반복되는 개념이나 표현이 있다면 번역문에서도 이를 살려 줘야 한다. 주의를 기울이지 않는다면 자칫 동일한 개념이 번역문 여기저기에서 다른 표현으로 등장할 수 있고, 그럼 읽는 사람은 그것들이 같은 개념임을 알아차리기 어려워진다. 흐름이 정돈되지 않은 어수선한 글이 되어 버리는 것이다.

번역이 끝나면 찬찬히 검토할 시간을 갖도록 하라. 끝나자마자 검토하기보다 몇 시간, 더 좋기로는 하루 정도 지난 후 살피는 것이 좋다. 그래야 한 걸음 떨어져 바라볼 수 있다. 검토 단계에서 확인할 사항은 다음과 같다.

7) 번역문은 원문의 핵심을 담고 있는가?

8) 번역문은 기대되는 역할을 충분히 다하고 있는가?

9) 한 점 부끄러움 없을 정도로 충분히 찾고 고민했는가?

10) 오탈자, 의도치 않은 비문 등의 실수는 없는가?

번역 과정에서 염두에 두었던 핵심이 번역문을 읽는 사람에게도 드러나게 될 것인지 확인하라. 애초에 의뢰자와 합의했던 요구사항을 충분히 반영하고 있는지도 살펴라. 사용자의 눈이 되어 전체를 읽다 보면 이게 무슨 말이지 싶은 부분이 튀어 나오기도 한다. 그러면 다시 생각을 정리하면서 수정해야 한다. 미처 검색하지 못했던 부분을 다시 찾아본 결과 용어를 수정해야 하는 일이 발생할지도 모른다. 효율을 위해 '복사—붙여넣기' 방식으로 수정했다면 조사를 바꿔 넣어야 할 수도 있다. 자칫 엉뚱한 단어가 한꺼번에 수정될 수도 있으니 반드시 하나씩 점검해야 한다.

대충 넘기면 되지 뭐가 이렇게 복잡한가 싶은가? 번역은 의사소통의 서비스이다. 편안한 의사소통 가능성을 극대화하겠다는 서비스 정신이 필요하다. 원문의 글쓴이에 대한 서비스, 번역 의뢰인에 대한 서비스, 번역을 읽게 될 사용자에 대한 서비스가 합쳐진, 참으로 무거운 서비스이다. 이를 감당하려면 성실함과 책임감이 필요하다.

번역 수정으로 마무리되는 번역 수업

한 학기의 번역 수업은 자기가 했던 번역을 수정하는 것, 그리고 동료들의 수정 번역을 읽어 주는 것으로 마무리된다.

번역 수정은 막판에 번역조가 되었던 학생이라면 한두 주 후, 초기에 번역조 역할을 맡은 경우라면 두 달 이상 시간이 경과한 후 하게 되는 작업이다. 원문과 자기 번역문을 새로운 눈으로 바라보기에 충분한 시간이다. 전에 미처 보지 못한 것, 잘못 보았던 것을 발견할 수 있다. 내가 왜 이렇게 번역했을까 의아한 생각이 들기도 한다. 같은 원문을 번역했던 동료들의 번역도 참고하고 내 번역에 붙었던 댓글을 다시 읽어 보며 수정 방향을 고민하게 된다.

번역 수정본과 함께 '수정의 변'도 올리는 것이 내가 만든 규칙이다. 본래 번역에서 어디를 왜 어떻게 수정했는지 혹은 수정하지 않았는지 알려주는 것이다. '수정의 변' 쓰는 형식은 따로 정해져 있

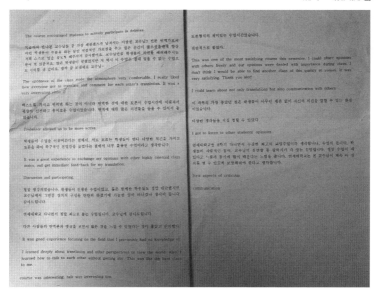

IV. 서술형 문항

이 강의에서 가장 좋았던 점은 무엇입니까?(300자 이내)
(What did you like most about this course? (Maximum: 300 characters))

순번	답변
1	수업의 분위기, 학생의 토론과 크리틱, 교수의 피드백
2	최고의 수업방식이라고 생각합니다! 심지어 재미도 있었습니다 감사합니다
3	학생들간 활발한 토론이 이루어질 수 있던 점
4	산업경제번역 수업을 통해서 번역하면서 그리고 피드백을 주면서 노한 번역의 어려움과 흥미를 동시에 느낄 수 있었고, 동기들과 함께 원문과 번역에 대해서 고민하면서 새로운 관점, 새로운 시선에서 또 다른 번역이 탄생하는 것을 보면서 번역의 매력을 알아갈 수 있는 좋은 기회였습니다~!
5	번역에 대한 견문을 넓히는데 매우 도움이 되었던 수업이다. 내 번역문과 다른 이의 번역문을 비교하면서 서로 피드백을 해주고, 또 좋은 표현이 있다면 그것을 배우는 것이 개인적으로 정말 도움이 되는 수업이었다.
6	타 틀대 수업에 비해 그렇게 부담스럽지않은 과제량에도 불구하고 정말 매 수업 많은 걸 배워다고, 우리 한 학기동안 많이 늘은 것 같다고 동기들끼리 신기해했다. 훌륭한 교수법이란 이런것이구나 느꼈다.

이 강의에서 개선이 필요하다고 생각되거나 제안하고 싶은 점이 있다면 무엇입니까?(300자 이내)
(What needs to be improved? Do you have any suggestions? (Maximum 300 characters))

순번	답변
1	교수님도 주제 선택에 참여하시는 것
2	가끔씩은 교수님께서 단호하게 딱 정해주셨으면 좋겠다고 생각한 적도 있었다

한 학기를 마칠 때면 수강생들은 온라인 강의실에 강의 평가서를 올린다. 좋았거나 개선할 내용이 망라되는 학생들의 평가 내용은 다음번 강좌를 진행하는 데 매우 유용한 참고자료가 된다.

지 않다. 별도의 문서 파일을 만들어 수정본과 함께 올리는 학생도 있고 수정본에 메모나 각주를 붙이기도 한다. 단 나눔 편집으로 본래 번역과 수정본을 나란히 보여주며 수정 부분을 표시하고 설명하기도 한다. 댓글이나 수업 중 토론에서 논의가 많았던 부분을 고민 끝에 수정하지 않았다면 그 이유도 밝힐 필요가 있다. 이는 어디를 왜 어떻게 수정했는지 밝히는 것에 못지않게 중요하다. 본래 번역에 쏟아졌던 비판과 수정 요청이 수정본에 다 반영될 수는 없다. 그랬다가는 번역가의 '내' 번역이 아닌, 누더기 번역이 되어 버리기 쉽다. 열심히 읽고 의견을 내준 독자들에게 감사하는 마음으로 충분히 검토를 해야 마땅하지만 전부 수용하기는 어려운 것이다.

학위 논문을 쓸 때 논문 작성은 결국 방어하는 글쓰기라는 말을 들은 적이 있다. 심사위원들이 어디를 어떻게 지적하고 질문을 던질지 미리 내다보고 필요한 방패를 여기저기 세워 두는 방식으로 논문을 써 나가야 한다는 의미였다. 번역도 이와 통하는 작업이라는 생각이 든다. 번역 결과물에 대해 이런저런 비판이나 질문이 나올 때 할 말이 있어야 한다. 충분히 생각한 후 선택한 전략이라는 점을 설명할 수 있어야 한다. 수정의 변은 결국 이를 위한 연습이다.

번역 수업에는 시험이 없다. 기말고사 대신 부여되는 마지막 과제는 각 조에서 하나씩 골라 번역 수정본과 수정의 변을 읽고 댓글을 달아주는 것이다. 한 학기 동안 다뤘던 다양한 텍스트들을 마지막으로 살펴보며 곱씹을 기회를 주기 위함이다.

이렇게 하여 한 학기의 번역 수업은 번역에 대한 생각 나누기, 칼럼 글을 읽으면서 핵심 내용과 전개 방식 분석하기로 시작해 조별 번역 실습과 토론을 거친 다음, 번역 수정으로 끝을 맺는다. 마지막 시간에는 한 명씩 나와 모두 앞에서 발언할 기회를 주기도 한다. 자기 번역을 열심히 읽어 준 것에 감사 인사도 하고 수업에 대한 비평도 할 수 있는 시간이다.

선생인 내가 생각하기에 번역 수업은 꽤 귀찮고 성가신 유형이다. 가만히 앉아 수업을 듣는 방식이 아니라 미리 올린 댓글을 바탕으로 매시간 참여해야 하니 말이다. 물론 마음먹기에 따라 수업 전에 동료들의 번역을 읽어 보지도 않고 댓글도 안 달고 토론 참여도 하지 않으면서 강의실에 앉아만 있는 것도 가능하긴 하다. 수강생의 1/3, 아니 1/4만 그렇게 나온다 해도 이런 수업은 실패하고 말 것이다. 하지만 고맙게도 그런 일은 벌어지지 않았다. 번역 수업은 열심히 준비하고 참여하는 만큼 더 많이 가져 갈 수 있다는 내 생각을 학생들이 공유해 준 덕분인 것 같다. 더 많이 가져가는 것이 더 깊은 고민과 더 다양한 주장들이니 딱한 노릇이긴 하지만 말이다.

3부

번역을 공부하다

박사 과정에 들어가겠다고 하니 남편은 "무슨 공부를 또 해?"라며 눈을 휘둥그레 떴다. 그 모습을 뒤로 하고 학위를 마쳤다. 학위는 시작이었다. 이후 학회를 부지런히 따라다니고 공부 모임도 하면서 번역이라는 세계에 대해 조금씩 더 알아가게 되었다. 공부는 본래 평생 하는 것이라지만 번역에 대한 공부는 번역이라는 대상 자체가 계속 변모해 나가는 덕분에 더욱 그럴 수밖에 없는 듯하다.

한국, 번역 공부의 천국

한국인으로 태어나 한국 땅에 살면서 어찌어찌 하다 보니 통번역학으로 박사 학위를 받고 번역을 공부하는 사람으로 살고 있다. 그런 입장이 된 덕분에 뒤늦게 깨달은 점 하나는 우리나라가 번역을 공부하기에 참으로 좋은 장소라는 것이다.

그 첫 번째 이유는 예나 지금이나 번역이 끊임없이 곳곳에서 이루어진다는 데 있다. 공부를 하려면 일단 공부할 대상이 필요하지 않은가. 한국에는 번역이라는 대상이 넘쳐난다. 지금 이 순간에도 눈을 돌려 보면 주변이 번역된 텍스트 천지이다. 근처에 보이는 책은 번역서일 확률이 높고(출판 시장의 25~30퍼센트가 번역서라고 하는데 이는 다른 어느 나라보다도 높은 비율이다) 영화관에 가면 자막 번역된 외화를 만나며 텔레비전에서도 번역된 방송 프로그램이 계속 흘러 나온다. 해외 소식을 알리는 뉴스도 대부분 번역을 거쳐 전달된다. 해외 기업이 생산한 화장품이나 전자제품을 사용한다면 번역된 설명서를 접했을 것이다.

수출 주도 경제성장 혹은 세계화 이후에나 번역이 이루어진 것 아니냐고? 세종대왕이 한글을 창제하시기 전까지 우리말엔 문자가 없었다. 쓸 수 있는 문자는 중국의 한자였는데 훈민정음 서문에 등장하듯 이 글과 우리말은 '서로 사맛디 아니했다'. 그리하여 한자의 음과 뜻을 도구로 삼아 우리말을 읽고 쓰기 위해 향찰, 이두, 구결과 같은 방법이 고안되었다. 과거에 글을 아는 사람들은 애초부터 중국에서 쓰이는 한문, 그리고 한자를 빌려 기록한 우리말을 모두 읽고 쓸 줄 알아야 했으니 꽤 복잡했을 것이다. 사극을 보면 궁에서 왕과 신하들이 나누는 말을 받아 적는 사관이 등장한다. 사극에서는 다들 아무 문제 없다는 듯 빠르게 붓을 움직이지만 현실에서는 그렇지 못했다고 한다. 귀로 들어오는 한국어를 가장 잘 전달해 주는 한자어를 신속히 떠올려 써야 하는, 번역 겸 기록을 해야 하는 입장이었으니 무리도 아니다. 이를 번역 개념에 포함시킨다면 우리말과 한자 사이의 번역은 역사가 오래다.

서구와 접촉이 본격화되면서 서구어의 한국어 번역이 시작되었다. 우선 성경을 비롯한 종교서가 번역되었고 교훈적·교육적 의미가 큰 위인전 등도 등장했다. 일제 시대가 끝나면서, 즉 일본어로 교육받고 서구 서적의 일본어 번역본을 읽는 시대가 종말을 맞으면서 본격적인 번역 전성기가 열렸다. 세계문학을 위시해 다양한 장르의 번역서들이 쏟아져 나왔다. 서구는 우리보다 앞선 문화이고 하루빨리 배우고 따라잡아야 한다는 조급한 마음이 적지 않았다.

1960년대 말에 태어나 1970년대 중반부터 책을 읽게 된 내 어린 시절을 돌이켜 보면 여전히 번역 전성기가 이어지는 상황이었다. 당시의 내 애독서들은 사실 모두 번역서였다. 우리 것보다는 서구 것이 우월하다 여겨지던 탓인지 한국문학보다는 세계문학 전집이 훨씬 더 많이 읽혔다. 지금 출판되는 책 네 권 중 한 권이 번역서라는 통계가 나오지만 어릴 적 내가 읽었던 책 중 번역서 비중은 아마 80~90퍼센트 정도 되었으리라. 나는 번역서를 통해 한국어를 접하고 익힌 셈이다.

우리나라가 번역을 공부하기에 좋은 곳이 되는 두 번째 이유는 참으로 많은 사람들, 과장을 조금 보태면 거의 모든 사람들이 번역에 관심을 보인다는 데 있다. 중년 이후 세대는 아무리 거듭 읽어 봐도 이해가 안 가는 번역문을 보면서 괴로워 한 경험 때문에, 청년 세대는 번역된 소설이나 영화 등을 번역된 콘텐츠로서 분명히 인식하고 접해 온 경험 때문에(원문이 엄연히 따로 존재하는 상황에서 번역을 접하고 있다는 인식 말이다. 이건 원문 접근성이 낮았던 과거에는 상대적으로 하기 어려운 인식이었다) 그런 것 같다. 번역을 어떻게 해야 하는지, 원문을 최대한 살려야 하는지 아니면 우리말로 읽기 편하게 만들어야 하는지에 대해 누구든 나름의 견해가 있고 논쟁을 벌이는 곳은 아마 한국 빼고는 드물 것이다.

한국인들의 번역에 대한 관심은 개인적 차원에 그치지 않는다. 인터넷이라는 공론장에서 적극적으로 표출된다. 번역이 기대에 못 미치면 곧 불평이 터져 나온다. 영화 대사 번역이 잘못되었다는 주장이 제기되고 이에 동조하는 사람들이 늘어나면 제작사나 배포사 측에서 해명을 한다. 책 번역에 문제가 있다고 독자들이 공개적으로 지적하고 나서면 출판사에서 조치를 취하지 않을 수 없다. 반박 견해가 등장하면서 갑론을박이 벌어지기도, 아예 재번역이 이루어지기도 한다. 번역에 대해 의견이 다양한 독자들이 서로 자기가 옳다고 온라인 논쟁을 벌이는 상황도 빚어진다. 한국의 번역 소비자들은 참으로 부지런하고 열성적이어서 개인 시간과 노력을 쏟아 가며 원문과 번역문을 비교하거나 번역문 안에서의 불일치를 지적하기도 한다.

마지막으로 한국이 번역을 공부하기 좋은 곳인 이유는 인터넷 강국이기 때문이다. 앞서 다루었던 독자들의 활발한 번역 비평도 인터넷이라는 자리가 깔려 있기에 가능했다. 인터넷에는 출판사에서 운영하는 홈페이지, 인터넷 서점의 독자서평 코너, 더 나아가 번역 독자들이 자발적으로 모여 만드는 카페, 번역가들의 블로그나 페이스북 등 다양한 번역 비평 공간이 존재한다.

여기서 더 나아가 인터넷은 팬 번역, 클라우드소싱 번역 등 최신 번역 현상을 낳는 기술적 조건이 되었다. 특정 드라마나 영화가 마음에 들어 번역을 하고 싶어졌다고 하자. 한국 콘텐츠를 외국어로 번역하는 상황도 있고 외국 콘텐츠를 한국어로 번역하는 상황도 있다. 물론 누가 번역을 정식 의뢰해 번역료를 지불하는 것은 아니다. 순전히 애정과 열정으로 하는 번역이다. 그럼 그 번역을 공개할 장소, 관심 있는 누군가가 찾아 접할 수 있는 장소가 필요하다. 그게 바로 인터넷이다.

좋아하는 영화를 다운받아 반복해 보며 자막을 입히고 그걸 다시 누구나 볼 수 있도록 인터넷에 올리려면 통신망 속도가 빨라야 한다. 그리고 한국의 통신망 속도는 세계 으뜸가는 수준이다. 여러 편의 시리즈 영화나 드라마인 경우 여러 명이 나눠서 작업하기도 한다. 1차 번역을 맡은 사람들이 결과물을 올리면 일종의 팀장 혹은 작업 관리자가 전체를 통일하고 감수하는 경우도 있다. 이 모든 일이 물리적으로 만날 필요 없이 인터넷상에서 이루어진다.

번역이 광범위하게 이루어지고 번역 품질에 대한 대중의 관심이 높으며 그 관심이 인터넷을 통해 적극적으로 표출되는 상황, 번역을 공부하기에 천국과도 같은 상황이지만 이에 걸맞게 번역 연구자가 많거나 번역학이 한국 나름의 독자적인 발전을 이룬 것은 아니다. 아직은 서구의 이론 틀을 벗어나지 못한 느낌이다. 이건 우리

나라 학계 전반의 문제일 수도 있고 번역학의 역사가 아직 짧은 탓일 수도 있다. 어떻든 분명한 것은 번역이라는 현상을 공부하는 데 한국만큼 자료가 넘쳐나는 곳은 달리 없다는 점이다.

직역 옹호 유감

번역하는 사람이라고 나를 소개하고 나면 "아, 그렇군요. 그런데 번역은 직역을 해야 하는 겁니까, 아니면 의역을 해야 하는 겁니까?"라는 대응이 심심치 않게 나온다. 놀랄 정도로 많은 이들이 번역의 방법론에 대해 고민해 본 경험이 있다는 뜻이다. 또 하나 놀라운 점은 그렇게 묻는 사람들 중 많은 수가 직역이 올바른 번역 방법이라 믿고 의역이 판치는 상황을 못마땅하게 여긴다는 사실이다. 벌써 한 20년 전 일이지만 프랑크푸르트 도서전에 가기 위한 비행기 여행에서 친한 선배와 이 주제로 입씨름을 시작해 살짝 마음 상할 지경까지 가기도 했다. 어느 한쪽으로 결론을 낼 수가 없으니 "그래. 넌 네가 생각하는 대로 번역해." "선배님도 자신이 옳다고 여기시는 대로 하세요."라고 마무리 지었던 기억이 난다.

직역과 의역이라는 말은 당연하다는 듯 사용되지만 실상 그 의미는 모호하다. 직역을 '단어 하나하나의 의미에 충실한 번역'으로, 의역을 '단어나 구절에 얽매이지 않고 전체의 뜻을 살린 번역'으로 보는 일반적인 정의를 가져와 보자. 이에 따르면 직역은 전체의 뜻을 고려하기보다 단어의 의미에 충실하다는 의미가 된다. 전체의 뜻을 고려하지 않고 단어 의미에 충실하다고? 나로서는 이해하기 어려운 말이다. 대체 그 단어들의 의미는 어디서 나온다는 것일까? 단어가 자신이 사용된 표현, 문장, 텍스트를 떠나 진공 상태에서 절대적 의미를 가지기라도 한다는 것일까?

'I go to school'이라는 영어 문장이 있다고 하자. 단어 하나하나의 의미를 살려 옮기면 '나는 학교에 간다'가 된다. 그것으로 충분할까? 누가 어떤 상황에서 이 문장을 말하는가에 따라 문장의 뜻은 일파만파 달라진다. 예를 들어 다음과 같은 뜻이 가능하다.

① 당당히 원하는 학교에 합격한 학생이 그렇지 못한 친구 앞에서 미안한 마음을 담아 하는 말

② 드디어 학교에 입학할 나이가 되었다는 자랑스러움을 담은 말

③ 학교는 지옥이나 다름없다고 여기는 학생이 자포자기 심정으로 하는 말

④ 학교에 가는 길이니 어머니가 시키는 심부름을 할 수 없다는, 혹은 놀러 가자는 친구 제안을 받아들일 수 없다는 거절의 말

⑤ (공휴일 등 수업이 없는 날) 친구들과 농구를 하러 학교에 간다는 말

⑥ 학부모가 말썽꾸러기 자녀 때문에 학교에 불려가면서 부끄러운 심정으

로 하는 말

⑦ 초임 교사가 학교에 출근하는 각오를 밝히는 말

단어 하나하나의 의미에 충실한 직역으로 충분하다고 여긴다면 '나는 학교에 간다'로 번역은 끝나 버린다. 그 이상의 의미를 생각할 필요가 없어진다. '그냥, 학교에 좀 가려고.'라거나 '저 학교 가요!'라거나 '학교에 또 가야 한다니!'라거나 '학교에서 오라고 해서 가는 길이에요.'라는 등의 대안을 고민할 필요도 없다. 그 결과 번역가가 생각하는 폭도, 독자가 이해하는 폭도 좁아지고 말 것이다.

'직역과 의역 사이'라는 제목의 칼럼에서 소개된 사례도 검토해볼 만하다(한국일보 2019년 2월 25일자 '지평선' 코너). 기자는 "We just don't want testing."이라는 도널드 트럼프 미국 대통령 백악관 기자회견 발언이 "우리는 단지 실험을 원하지 않는다."라고 직역되는 경우와 "우리가 실험을 볼 일은 없다"라고 의역되는 경우를 비교하면서 전자는 유보적 입장으로, 후자는 강경 입장으로 해석 가능하다고 썼다.

기자가 지적한 대로 두 가지 서로 다른 번역은 미국 대통령의 입장을 달리 설정하게 되고 당시 관심사였던 북미 2차 회담의 가능성 또한 달라진다. 그렇지만 두 번역 중 하나는 직역이고, 다른 하나는 의역이라는 기자의 구분에 동의하기는 어렵다. 여기서 핵심은 just라는 한 단어의 의미를 어떻게 보느냐에 달려 있다. '단지'로 볼 것인지, '단호히'로 볼 것인지. just에는 두 가지 의미가 모두 있고 그 중 무엇을 선택할 것인가 하는 기준은 전후에 이어지는 문장들, 그리고 거기서 읽히는 화자의 의도이다. 맥락 고려 없이 just를 '단지'로 옮겼다면 이건 직역이 아닌, 무모한 번역이 된다.

직역과 의역이라는 용어보다는 원문을 더 중시하는 번역과 독자의 이해를 우선시하는 번역이라는 구분이 더 현실적이고 와 닿는다. 맥락을 파악해 옮기되 원문 형태를 유지하는 데 더 힘쓸 수도, 원문과는 다른 단어를 사용하더라도 독자가 더 잘 이해하도록 옮길 수도 있는 것이다. 위의 예를 다시 가져오자면 just를 '단호히'로 옮긴다고 할 때 원문을 중시하는 번역은 "(북한의) 핵실험은 절대 우리가 원하는 바가 아니다."가, 독자 이해를 우선시하는 번역은 기자가 소개한 "우리가 실험을 볼 일은 없다."가 될 것이다.

원문 존중이냐, 독자 고려냐 하는 논쟁은 사실 번역과 번역학 역사를 꿰뚫고 있다. 기원전 1세기의 키케로와 기원후 4세기 말의 성 제롬도 그리스어를 라틴어로 번역하면서 이런 고민을 했고 독자 고려를 중시한 자기 번역을 옹호하는 글을 남겼을 정도이다. 투명성이니 등가니 나름의 용어를 사용한 이후 학자들의 논의도 크게 보아 이 두 축의 연장선상에 있다.

원문 존중과 독자 고려로 말을 바꿔 본다 해도 한국의 번역 독자들은 '원문을 최대한 그대로', '원문의 내용을 빠짐없이' 번역해야 한다고 믿는 경우가 많다. 이 믿음은 어디서 왔을까? 외국어로부터 한국어로의 번역이 처음 이루어진 개화기에는 원문 내용을 변형하거나 축약하는 일이 적지 않았다고 한다. 원문에 대한 이해도가 상대적으로 낮았던 탓, 그리고 계몽과 교육이라는 목표 아래 번역자의 개입이 정당화되었던 탓이다. 이 시기의 번역 관행이 불만을 낳으면서 원문 존중이 생겨났을 가능성이 하나 있다. 두 번째 가능성은 우리 것이 서양 것보다 다 못하다고 여겨지던 경제 개발 시절의 사대주의적 사고이다. 마지막으로 학교 외국어 교육에서 해석과 대역을 접하면서 원문을 고스란히 옮기기 위해서는 어색한 번역 투도 용인 가능하다는 자세가 생겨났을 수 있다.

원문 존중을 뒤집으면 번역의 종속성이 된다. 원문은 상위에서 우월하고 번역문은 그 밑에서 열등하다. 원문 존중은 외국어를 한국어로 옮길 때뿐 아니라 한국어 문학작품을 외국어로 옮길 때도 나타난다. 그리하여 한국어 문학작품은 가능한 한 원문의 모습 그대로 고스란히 번역되어야 한다고 믿는 사람들이 많다. 정말 그래야 하나? 생각해 볼 만한 일이다.

지금까지 직역을 옹호한다고 말해 왔다면 한번 고민을 해주기 바란다. 내가 생각하는 직역은 무엇인가? 어떤 사례를 들 수 있는가? 혹 그 직역은 독자 이해를 고려하지 않는 원문 존중은 아닌가? 그러한 원문 존중에서 우리가 얻을 수 있는 것은 무엇인가?

채식주의자 번역 소동을 보며 생각한 것

2016년, 작가 한강의 소설 《채식주의자》가 세계 3대 문학상 중 하나인 맨부커 인터내셔널 부문 수상작으로 선정되어 한동안 떠들썩했다. 노벨 문학상에 오래 목말랐던 한국 입장에서 예상치 못한 성과였기에 그럴 만했다. 한국문학 작품이 세계 무대에서 인정받았다는 뿌듯함이 컸지만 그에 못지않게 소란했던 것은 번역 품질 논란이었다.

원문인 한국어 소설의 문장이나 문단이 번역에서 빠지기도 하고 없던 문장이 들어가는가 하면 한국어 이해력 부족으로 잘못 옮겨진 곳이 무수히 많다는 지적이 꼬리를 물었다. 문학자와 번역학자들은 원문과 번역문을 대조하면서 오역 사례를 조목조목 짚어냈다. 영어판 《The Vegetarian》은 《채식주의자》와는 다른 작품이라는 주장까지 나왔다.

번역가 데보라 스미스는 한국 작품을 영어로 옮겨 세계인의 주목을 받도록 한 공을 치하받으면서도 끊이지 않는 오역 논란에 곤욕을 치러야 했다. 이에 대한 스미스의 답변은 두 가지로 요약할 수 있을 것 같다. 한국문학 번역 작품은 한국 문화의 소개 수단을 넘어선 문학 그 자체여야 한다는 것, 그리고 번역가의 창조성이 인정받아야 한다는 것.

상황을 지켜보면서 가장 먼저 떠오른 생각은 번역가의 역할과 권한이 어디까지일까 하는 것이었다. 번역가 스미스의 표현으로 바꿔보자면 번역가의 창조성이 어디까지 갈 수 있는가의 문제이다.

이와 관련하여 작가 한강과 번역가 스미스가 함께 상을 받았다는 사실도 신선했다. 맨부커 인터내셔널 부문은 영어로 번역되어 영국에서 출간한 외국 소설 중에서 수상작을 선정하는데 작가와 번역가에게 동일한 액수의 상금을 준다. 번역가가 작가와 나란히 상을 받는 것도, 똑같은 상금을 받는 것도 우리에게는 낯선 일이다. 늘 번역가는 작가보다 훨씬 미미한 존재로 여겨져 왔으니까.

그렇다고 해서 영국에서는 번역가가 한국에 비해 훨씬 나은 대접을 받는다고까지 이야기를 확대하기는 곤란하다. 2013년에 한국을 방문했던 영국 출판사 편집자들에 따르면 영국 출판 시장에서 번역서 비중은 3퍼센트, 문학 분야에서 번역서 비중은 4.5퍼센트라고 한다. 1퍼센트에 불과한 미국 출판 시장보다는 높지만 우리와는 비교가 안 될 만큼 낮은 수준이고 번역이나 번역가가 관심을 받기엔 힘든 조건이다. 애초에 영연방 작가들이 영어로 쓴 소설을 대상으로 하여 출발했고 지금은 작가의 국적이 어디든 영국에서 출간된 영어 소설로 범위를 넓혔다는 맨부커 상의 역사로 미뤄 볼 때 핵심은 '영어'에 있는 것이 아닐까 싶다. 번역가가 공동 수상하고 작가와 같은 액수의 상금을 받는 것은 결국 영어 소설에 상을 주는 상황에서 '영어'를 책임진 번역가와 '소설'을 책임진 작가를 동급으로 두는 건 아닐까. 영어라는 힘센 언어를 배경으로 한 이 결정은 어쩌면 번역가를 더 대접하는 것이기보다 비영어권 작가를 덜 대접하는 조치일지도 모른다.

스미스가 말한 창조성은 영어권 독자들에게 충분히 다가가는 '영어' 소설로 만드는 작업을 통칭하는 것으로 보인다. 영국 독자들이 '영어' 문학 작품을 만나는 데 껄끄럽거나 방해되는 요소들은 다듬고 정리해야 하는 것이다. 출판업자들의 1차 추천을 받아 평론가, 소설가, 학자들로 구성된 심사위원회를 통과한 《The Vegetarian》은 '영어' 소설로서의 자격을 충분히 인정받은 셈이다. 이 심사 과정에 원문 대조 같은 단계는 물론 없었다.

우리 번역계가 오래 유지해 온 번역 평가의 두 기준은 충실성과 가독성이다. 원문을 얼마나 충실히 살렸는지, 독자들이 읽고 얼마나 잘 이해할 수 있는지 보는 것이다. 이 두 기준은 서구 번역학의 전통을 받아들인 측면도 있지만 외국 문헌 번역이 본격 시작된 20세기 중반 이후 독자층에서 암묵적으로 형성되고 인정되어 온 것이기도 하다. 한국 독자들은 몇 번을 읽어도 요령부득인 번역에 고통받으면서 가독성을 중시하게 되었지만 동시에 원문이 가능한 한 훼손 없이 담겨 있는 충실한 번역을 기대한다. 그리고 《The Vegetarian》 비판의 핵심에는 '충실하지 못한 번역'이라는 생각이 깔려 있다.

충실성 얘기로 넘어가자면 번역가 데보라 스미스의 한국어 능력을 언급하지 않을 수 없다. 스미스가 《채식주의자》를 영어로 옮긴 것은 한국어를 배우기 시작한 지 불과 3년 만이었다. 영어를 모국어로 하는 사람이 완전히 생소한 외국어였을 한국어를 3년 공부해 문학 작품을 번역했다니 이건 우리 번역계의 기존 상식에서 도저히 납득하기 어려운 일이다. 실제로 수상 이후 인터뷰에서 스미스는 4년이 흐른 후 다시 살펴보니 부족한 한국어로 실수가 많았다고 인정했다. 하지만 작품이 영국 독자들에게 다가가는 것을 방해할 정도의 실수는 아니었다고 하였다.

나도 수업 시간에 학생들과 《채식주의자》 원문 일부를 번역문과 비교해 본 적이 있다. 원문에 없던 소제목이 들어가거나 서너 문장이 뭉텅이로 빠지는 경우는 번역 과정의 전략적 선택이라고 넘어간다 해도 관용적 표현에서 자주 드러나는 실수들은 한국어 이해력 부족으로 볼 수밖에 없었다. 관용적 표현 번역 오류의 몇 가지 사

례를 원문과 번역문, 그리고 번역문의 한국어 의미 순서로 보이면
다음과 같다.

1) 한창 나이에 정서방은 어쩌란 말이냐? (38쪽)

    Acting like this at your age, what on earth must Mr. Cheong think?

    (네 나이에 이런 행동을 하다니 정 서방이 도대체 어떻게 생각하겠느냐?)

2) 시장 골목의 알 만한 아저씨들이 다 모였어. (53쪽)

    All the middle-aged men from the market alleyways came,
    everyone my father considered worth knowing.

    (시장 골목의 중년 남자들이 다 왔다. 우리 아버지가 알고 지내야 한다고
    생각하는 사람은 전부.)

3) 더군다나 영혜가 워낙 소리 한번 안 내고 자란 딸이라 당황도 하셨겠지.
    (54쪽)

    Yeong-hye refused to say a single word to him, so he was bound to
    upset.

    (영혜는 한 마디도 하지 않으려 했고 그러니 아버지가 화가 날 수밖에요.)

사소하다면 사소한 오류이지만 이들 관용 표현을 포함한 문장이
등장인물의 특성을 만들어 간다고 보면 중대하다고도 할 수 있는

오류이다.

　한국어를 충분히 이해하지 못하는 외국인이 한국문학을 단독으로 번역하는 일은 무척 새로운 현상이다. 물론 먼 과거, 동양이 처음으로 서양에 소개되던 시절에는 해당 언어를 한 마디도 모르는 외국인이 번역을 한 일도 있었다. 구두로 전달받은 내용을 모국어로 풀어 기록하는 방식의 번역이었다. 하지만 오늘날 한국에서 한국문학을 외국어로 옮기는 번역가는 한국에 오래 거주해 한국어와 한국 문화에 익숙한 외국인, 외국어 능력이 뛰어난 한국인, 나아가 한국인이 1차로 작업하고 이를 외국인이 수정하는 2인 협력 체제가 대부분이다. 한국문학을 세계에 소개하여 인정받고 싶은 마음이 큰 우리 정부는 관심 보이는 외국인을 국내로 불러 언어, 문학, 문화를 집중적으로 무료 교육하기도 한다. 《*The Vegetarian*》의 수상은 한국문학 번역을 해당 언어 모국어 화자에게 맡겨야 한다는 주장에 힘을 실어주는 사례가 된다.

　통번역 교육에서는 언어를 A, B, C로 구분한다. A 언어는 모국어, B 언어는 쓰기와 말하기 등 능동적 사용이 자유로운 제1외국어, C 언어는 듣기와 읽기가 자유로운 제2외국어이다. 통역이나 번역을 할 때는 B나 C 언어에서 출발해 A 언어로 오는 것이 원칙이라 되어 있지만 이는 유럽 기준이고 한국인 통번역사는 모국어 방향과 외국어 방향 양쪽으로 일한다. 약소 언어인 한국어를 B 언어로 하여 통번역하는 외국어 모국어 화자를 찾기 어려운 상황 때문이다. 데보라 스미스의 경우는 D나 E 언어 수준의 한국어로 번역을 했다는 점에서 충격을 안겨 준 셈이다.

스미스의 《*The Vegetarian*》 번역 사례는 원문 언어 능력이 충분하지 않은 사람도 번역가 역할을 할 수 있는지, 그리고 번역가가 번역 과정에서 창조성을 발휘할 권한을 누려야 하는지 등 두 가지 질문을 우리에게 남겼다. 두 가지 모두 기존의 우리 번역 관행에서는 '말도 안 되는 터무니없는 일'이었다. 앞으로 또 다른 사례가 등장하고 경험이 축적되면서 관행이 어떻게 반응하고 변모할 것인지 흥미롭다.

공짜 번역의 시대

통번역대학원에 다니던 시절, 선생님들은 시장에서 가격 덤핑을 하지 말라는 말씀을 종종 하셨다. 통번역대학원 학생은 졸업 시험에 합격해 석사 학위를 받으면 통번역사로 일하게 된다. 경력에 따라 고정 고객이 있고 없고의 차이는 있다 해도 기본 요율, 즉 시간당 보수는 막 시장에 나온 통번역사든, 10년 20년 활동한 통번역사든 동일하다. 당시 선생님들이 곧 시장에 진출해 동료 통번역사가 될 학생들에게 시장 질서를 강조한 것은 프리랜서로 일하는 통번역사가 잠재 고객을 만나 제일 먼저 해야 하는 일이 가격 협상이기 때문이다. 고객은 가능한 한 싼값에 해결하기를 바라고 통번역사는 들인 품만큼 정당한 보수를 받고 싶어 한다. 그 줄다리기는 적지 않은 스트레스이고 어서 일을 맡아 경험을 쌓고 싶은 신참 통번역사는 한 발짝 양보하기 쉽다. 선생님들은 한 번 가격을 낮추면 영원히 제값을 받기 어렵고 결국 다른 통번역사들에게도 피해를 입히게 된다고 강조하곤 했다.

그런 얘기에 익숙해진 나는 공짜 번역이 등장했을 때 몹시 당황했다. 번역이 얼마나 골 빠지는 일인데 공짜로 한다는 말인가?

공짜 번역의 첫 신호탄은 2010년을 전후로 등장한 팬들의 번역이었다. 외화나 외국 드라마 팬들이 좋아하는 영상을 국내에 어서 소개하고 공유하고 싶은 마음에 자기 시간과 노력을 들여 자막을 붙이고 공개하기 시작한 것이다. 한 사람이 하기는 어려운 일이어서 여러 명이 팀을 이루어 작업하는 경우가 많았다. 드라마 한 회분에 대해 여러 팀이 여러 번역을 공개하기도 했다. 작업 속도도 빨랐다. 현지에서 드라마가 방영된 직후에 번역이 이루어져 며칠 안에, 심지어 불과 하룻밤 지난 후에 팬 사이트 자막판이 등장하곤 했다.

한동안은 팬 번역이 저작권을 침해하는 것이라는 비판이 일었다. 자막 붙인 영상을 저작자의 허락 없이 무단으로 온라인 배포했으니 말이다. 급기야 2014년 미국 방송사들이 팬 자막 제작자들을 고소하는 일까지 벌어졌다. 이것으로 팬 번역은 끝인가 싶었지만 상황은 유야무야 정리되었다. 한정된 사이트를 통해 유포된다는 점, 공식 배포판이 아니라는 사실을 영상 소비자들이 다 안다는 점, 영리 목적이 없다는 점, 팬 자막판을 계기로 영상 자체에 대한 관심이 높아지는 홍보 효과가 발생한다는 점 등이 고려된 듯하다.

이후 공짜 번역은 날로 영역을 확대했다. 한국의 드라마, 가요 등 문화 콘텐츠가 전 세계에 소개되어 한류라는 흐름을 만드는 데는 뜨거운 애정으로 무장한 팬들의 공짜 번역이 큰 역할을 했다. 한국 드라마 한 회가 방영되면, 신곡이 발표되거나 가수 인터뷰가 공개되면 곧바로 번역이 시작된다. 영어, 중국어 등 알 만한 외국어뿐 아니라 베트남어, 노르웨이어, 페르시아어, 헝가리어 등 온갖 언어가 망라된다. 다국어 자막 번역 플랫폼에서 제공되는 언어가 무려 150개라니 입이 떡 벌어지는 수준이다. 각국의 팬들은 나름의 팀 체계를 갖추어 1차 번역-감수-최종 수정 단계를 밟아 자막 번역을 생산한다. 누가 시켜서 하는 일이 아니지만 누가 시키는 것보다 훨씬 더 열성적으로 신속하게 세계 곳곳에서 번역이 이루어지는 감동적인 상황이다. K팝 그룹 방탄소년단BTS의 성공에도 팬클럽 '아미'의 번역이 큰 역할을 담당했다.

한국에 대한 외신 보도를 번역해 소개하는 웹사이트도 있다. 해외에 거주하며 일하는 한국인 전문가들이 하루 일과를 끝낸 후 시간을 내 무료로 뉴스를 번역해 올리는 것이다. 외신 보도를 입맛대로 편집해 소개해 온 국내 언론계 관행에 쐐기를 박겠다는 포부로 시작했다니 의도도 멋지다. 이런 번역은 어차피 돈 주고 맡길 고객을 찾기 어렵다. 공짜 번역이라는 재능기부가 더 투명한 언론이라는 사회적 가치를 창출하는 큰 의미를 지니게 된 것이다.

공짜 번역은 결과물의 품질이 다소 떨어질 수 있다. 팬 번역 초기, 외국 영상에 붙은 자막을 보면 '이 장면은 어려워서 잘 모르겠어요.'라는 번역 포기 선언이 등장하기도 했다. 돈 받고 하는 번역이었다면 있을 수 없는 상황이지만 공짜 노동이라는 것을 너도나도 다 아는 상황에서는 그대로 용인할 수 있다. 이는 번역 품질이라는 번역학의 기존 개념에 문제를 제기한다. 기존의 번역 품질 논의는 역량을 갖춘 번역가가 최선의 노력을 다한 번역이라는 점을 전제로 하기 때문이다. 공짜 번역을 하는 사람에게 프로만큼의 책임감을 요구하기는 어렵다.

이와 관련하여 '동무, 려권 내라우'라는 재미있는 컴퓨터 게임 사례가 존재한다. 'Paper, Please'라는 인디 게임을 몇몇 이용자들이 번역한 비공식판이다. 이 게임의 플레이어는 1980년대 독재 국가에서 임시직 공무원으로 임명받아 입국 심사를 담당하게 된다. '동무, 려권 내라우'는 게임의 언어를 바꾸는 데 그치지 않고 배경을 북한으로 변경했다. 본래 게임의 국가명 아스토츠카가 북한으로 바뀌면서 주변국들 이름도 오브리스탄, 콜레기아, 임포르 등 가상의 명칭에서 대한민국, 쏘베트, 중국, 몽골로 정해졌다. 입국 심사를 받는 사람들 이름도 많은 경우 한국식으로 바뀌었다. 더 나아가 국가 이미지나 관청 이름, 배경 음악도 달라졌다. 제목이 보여주듯 등장인물들의 대화도 북한 표준어인 문화어로 이루어진다.

'동무, 려권 내라우'는 원작보다 더 재미있는 번역판이라는 평가

컴퓨터 게임 'Paper, Please'와 이용자들이 번역해서 만든 비공식 게임판 '동무. 려권 내라우'의 화면 캡처. 단순히 게임 언어를 번역하는 데서 나아가 원작에 나오는 독재 국가 아스토츠카를 북한으로 바꾸고, 주변국 명칭은 물론 등장인물의 이름이나 배경 음악까지 새로 입힌 '동무. 려권 내라우'는 원작보다 더 재미있는 번역판이라는 평가를 받았다.

와 함께 게이머들의 큰 호응을 얻었다. 그래픽과 배경음악까지 바꾸는 데 엄청난 품이 들었을 것이다. 공짜 번역의 신기원을 이루었다고 해도 과언이 아니다.

나는 '동무, 려권 내라우' 번역 사례를 분석한 어느 논문을 통해 이 게임을 알게 되었다. 흥미롭게도 이 논문에서는 '동무, 려권 내라우'의 문화어 구현에서 어법적으로 잘못된 부분이 무엇인지, 배경 전환에서 1980년대 북한 모습을 제대로 반영하지 못한 오류가 무엇인지 지적하고 있었다. 마치 '동무, 려권 내라우'가 북한의 문화어 사용자들을 위해 번역되기라도 했다는 듯이 말이다. 하지만 실상 이 번역은 한국인 게이머들이 다른 한국인 게이머들을 위해 만든 것이고 번역가도, 번역 사용자도 완벽한 문화어 구사 능력을 갖추지 못했다. 어법이 정확한 문화어는 가능하지도, 필요하지도 않았던 셈이다. 1980년대 북한을 배경으로 한 게임에서 1990년대 선전가요 '장군님 축지법 쓰신다'가 사용되었다는 지적도 마찬가지였다. 2010년대를 살아가는 게이머들에게는 1980년대와 1990년대의 차이가 중요하지 않다. 그저 북한 분위기를 물씬 풍길 수 있다면 그걸로 충분하다. 결국 논문의 번역 평가는 새로운 번역 현상 앞에 기존의 잣대를 억지로 들이댄 셈이었다. 공짜 번역을 어떻게 평가해야 할지 아직 우리는 답을 모른다.

공짜 번역의 시대가 열리면서 일반 대중 누구나 번역에 뛰어들 수 있게 되었다. 공짜 번역을 하다가 능력을 인정받아 프로 번역가의 길로 접어드는 일도 가능하다. 번역된 콘텐츠 공급이 급격히 늘어난 것은 사회 전체의 이익에 부합하기도 한다. 이런 긍정적인 효과 이면에는 노동 착취의 문제가 존재한다. 과거의 공짜 번역은 대학원생이나 인턴 직원들이 별도의 보수 없이 번역에 동원되던 부당한 관행을 떠올리게 한다. 오늘날의 공짜 번역은 자발성을 바탕으로 한다는 점에서 과거와 다르지만 그렇다고 해서 공정하다고 볼 수 있을지는 의문이다. 몇몇 번역 플랫폼이 아마추어들의 공짜 번역을 모아 기계 번역의 데이터베이스로 유료 제공하는 상황까지 고려한다면 더더욱 그렇다.

시대가 변했다지만 그래도 나는 공짜 번역에 동참하지는 않을 것 같다. 번역이 중요한 밥벌이인데 공짜로 제공할 수는 없는 노릇 아닌가. 공짜 번역의 무대는 아직 온라인 플랫폼이라는 공간으로 제한된다. 지식과 정보가 공짜로 제공되는 온라인 공간의 특성이 번역에도 적용된 결과로 보인다. 이 흐름이 오프라인까지 그대로 번져 나가게 될까? 그건 어려울 듯하다. 공짜로 제공되는 지식과 정보를 완벽히 신뢰할 수 없듯 공짜로 주어지는 번역 또한 마찬가지일 테니 말이다.

인공지능이 인간 번역가를 대체할 수 있을까

2016년, 인공지능 알파고와 이세돌의 바둑 대국이 벌어졌다. 일주일 동안 다섯 차례 대국이 진행되었고 첫 세 국은 연달아 알파고가 승리했다. 네 번째 대국은 이세돌의 승리였지만 마지막 대국은 다시 알파고의 승리로 돌아갔다.

바둑의 규칙도 잘 모르는 문외한이었던 나는 대국 결과에 큰 충격을 받았다. 전문가들은 이미 예측했던 결과라지만 문과 출신인 내게는 인공지능의 압도적인 승리가 전혀 예상 밖이었다. 알파고를 신호탄으로 하여 이제 정말로 인공지능이 인간의 일을 대체해 나가게 되는 것일까 생각하니 두려웠다.

언론에서는 인공지능에 대체될 인간 직업이 무엇인지에 대한 기사가 쏟아졌다. 통번역은 늘 신속하게 대체되는 직종 목록에 들어 있었다. 통번역대학원 학생들은 계속 학교에 다녀야 하는 것인지 고민했다. 적지 않은 등록금을 내고 2년의 시간을 바치는 큰 투자를 하는 중인데 직종 자체가 곧 사라져 버린다면 그야말로 번지수를 잘못 짚은 헛된 셈이니 고민할 만했다.

이후 몇 년 동안 통번역학 학술대회의 주제 또한 인공지능으로 도배되다시피 했다. 통번역학을 공부하는 사람들은 나를 포함해 절대다수가 문과 출신이었으므로 외부 전문가를 초빙해 발표를 듣고 토론을 벌였다. 그렇게 해서 여러 이야기를 듣게 되었다.

번역을 인간이 아닌 기계에 맡기기 위한 연구는 꽤 역사가 오래다. 1950년대에 이미 시작되었다고 한다. 처음 시도된 방식은 각 언어가 지닌 규칙을 파악해 다른 언어로 바꾸는 것이었다. 문법 성분을 분석해 문장을 쪼개고 규칙을 찾아 체계화하는 언어학의 형태론과 구문론이 토대가 되었다. 예를 들어 한국어에서는 명사 뒤에 조사가 붙어 문법 성분이 결정된다. 이 규칙에 따라 특정 명사가 목적어로 판명되었다고 하자. 영어에서는 문장 내 위치에 따라 문법 성분이 결정되므로 해당 명사를 문장 내 적절한 위치로 가져다 놓으면 된다. 하지만 이런 접근은 언어별로, 또한 언어 쌍별로 무한히 많은 규칙을 만들어야 해 효율성이 떨어졌다. 결국 한동안 기계 번역은 불가능한 목표로 여겨지면서 연구자들의 관심에서 멀어졌다.

상황이 바뀐 계기는 대규모 데이터베이스 처리가 가능해질 정도

2016년 3월 9일부터 15일까지 서울에서 펼쳐진 이세돌 9단과 알파고의 바둑 대국은 인공지능 기술이 어느 단계까지 와 있는지를 전 세계 사람들에게 충격적으로 각인시킨 계기였다. 내가 몸담은 통번역학계에서도 이후 여러 해 동안 인공지능 문제가 학술대회의 단골 주제로 등장했을 만큼 그 여파는 대단했다.

로 용량이 대폭 증가한 컴퓨터 기술이었다. 실제로 사용되는 언어, 인간이 수행한 번역문과 원문 자료 등을 막대한 양으로 집어넣어 인공지능이 학습하고 확률 기반의 판단을 내리도록 할 수 있게 된 것이다. 이는 사람이 언어를 배우는 방식과도 비슷하다. 우리는 명사 뒤에 조사를 넣어 목적어를 만든다고 배우지 않는다. 수많은 문장을 보고 들으면서 어떻게 능동적으로 문장을 만들어 내야 할지 터득하게 된다.

기계 번역은 언어에 따라 상황이 다르다. 규칙을 기반으로 접근했던 1990년대에도 일본어-한국어 기술 문서의 기계 번역은 상당한 수준에 도달해 있었던 것으로 기억한다. 기업 연구소에서는 일본의 수많은 기술 문서를 일단 기계로 번역해 대략의 내용을 파악했고 면밀히 살펴보아야 할 문서만 번역가에게 작업을 맡김으로써 시간과 비용을 절약했다. 일본어가 한국어와 형태적으로 유사한 면이 많은 언어여서 가능한 일이었다. 이렇게 보면 서로 간에 공통분모가 많은 서구어들에 비해 한국어는 기계 번역, 인공지능 번역에서 상대적으로 불리한 처지라고 할 수 있다.

개인적으로는 기계 번역이 번역 일감을 가져가는 상황을 한 번 겪기도 했다. 2000년대 후반이었다. 어느 중소기업 사장님이 러시아 거래처와 팩스로 통신하면서 몇 차례 번역을 부탁했다. 양쪽 모두 영어로 소통하기는 어려운 상황이라 내가 중간 통로 역할을 맡은 것이다. 그러던 어느 날 사장님이 더 이상 번역을 해줄 필요가 없다고, 그동안 고마웠다고 연락을 해왔다. 자녀분이 인터넷 자동번역 사이트를 찾아냈다고, 그걸로 해결하면 되겠다고 덧붙이면서. 내 입장에서는 섭섭하기보다는 반가웠다. 짤막한 서신이었으니 번역료는 얼마 안 되는데 원문을 받고 번역을 보내는 일이 꽤 번거로웠기 때문이다. 그때도 지금처럼 기계치인 탓에 인터넷 자동번역이 어떤 것인지, 어떻게 번역을 해주는지 알아볼 생각은 하지 못했다. 사장님이 안 되겠다고 다시 부탁한다는 연락을 하지 않은 것을 보면 그럭저럭 의사소통에는 문제가 없었던 모양이다.

인공지능이 번역에 던진 질문은 다음 두 가지로 압축된다. 첫째,

인공지능은 인간의 번역을 완전히 대체할 수 있을까? 둘째, 대체한다면 그 시기는 언제일까?

여기 답하려면 번역이 본질적으로 어떤 일인지 일단 생각해 봐야 한다. 인공지능의 등장 전에는 사실 별로 고민해 본 적 없는 문제이다. 번역은 바둑과 비슷한 작업, 즉 경우의 수가 많기는 해도 그 많은 경우를 데이터베이스로 입력해 주면 인공지능이 학습해 처리할 수 있는 종류의 일일까? 기초 일상회화 번역은 그럴 것 같다. 해외 여행객을 위한 통번역기나 통번역 앱이 이미 사용되고 있지 않은가. 여행객이 주로 묻고 대답할 만한 문장들이 정리되어 있다는데 일본어를 한 마디도 모르는 동료 선생님이 그 앱 덕분에 아무 불편 없이 여행했다는 후일담을 전해 온 것을 보면 꽤 유용한 모양이다. 하지만 기초 일상회화는 번역의 극히 일부에 불과하다.

내가 주로 하는 책 번역은 어떨까? 글자 입력 시간을 조금이라도 줄여 볼까 싶은 마음에 영어 원문을 번역기로 돌려보곤 하는데 애석하게도 그대로 가져다 쓸 만한 문장은 단 하나도 건지기 어렵다. 언어 번역은 바둑과는 다른 작업인 모양이다. 완전히 규칙화할 수 없는 인간의 머릿속 생각을 또다시 완전히 규칙화할 수 없는 언어라는 수단으로 표현해 놓은 결과물을 다뤄야 하니 그럴 수밖에 없다는 생각도 든다. 게다가 언어 사용의 방식은 시간에 따라 변화하고 각 개인의 서로 다른 특징을 반영하기도 한다.

반면 특정 용어가 반복적으로 등장하고 기존의 텍스트 형태를 상당 부분 따라가게 되는 종류의 글이라면 인공지능이 처리할 가능성이 점점 높아질 것이다. 계약서, 보도 기사문, 사용설명서 등이 여기 해당하지 않을까 싶다. 이런 분야에서는 원문과 번역문 데이터베이스가 많이 축적될수록 더 믿을 만한 번역이 나올 듯하다.

 그리하여 향후 꽤 오랜 기간 동안 인공지능이 맡는 번역과 인간이 맡는 번역이 분리되어 존재하리라는 것이 내 생각이다. 인공지능이 어떤 종류의 번역이든 문제없이 해치우게 되려면 데이터베이스를 기반으로 규칙을 습득해 움직이는 약한 단계가 아니라, 스스로 사고하고 판단하는 강한 단계가 되어야 가능할 텐데 그 시점이 오면 번역뿐 아니라 인간이 하는 대부분의 일을 인공지능이 맡게 될 테고, 번역이라는 특정 활동에 대한 고민 역시 별 의미가 없어지는 게 아닐까.

 알파고가 던진 인공지능 충격은 번역이라는 일의 본질에 대해, 더 나아가 인간이라는 존재에 대해 되묻게 만들었다. 당연하다고 생각하던 것이 정말 당연한지 질문하게 했다. 어쩌면 이것이 인공지능의 최대 업적이 아닐까 싶다.

한국어 종결 어미, 번역의 최종 병기

나는 한국어를 몹시 사랑한다. 모국어이니 사랑하지 않을 수 없는 것도 있지만 나는 한국어가 대단한 표현력을 지닌 언어라고 생각한다. 특히 인물들 간의 사회적 심리적 관계를 섬세하게 반영해내는 데는 으뜸이 아닐까 싶다. 전공인 러시아어 외에 기초 수준으로 배운 외국어가 꽤 여럿이지만 한국어의 표현력을 따라올 만한 언어는 아직 접하지 못했다.

다음 세 문장을 보자.

1) 김과장, 당신 지금 제정신이요?

2) 김과장, 자네 지금 제정신인가?

3) 김과장, 너 지금 제정신이야?

의미는 대동소이하다. 다만 화자와 청자의 관계, 화자의 심리상태가 달리 전달된다. 화자와 청자의 심리적 거리는 1)에서 3)으로 갈수록 가까워진다. 1)이 부장님의 말이라면 2)는 차장님의 말, 3)은 동료 과장의 말이 될 수 있다. 모두 다 부장님이 하는 말일 수도 있다. 부장님이 3)을 택했다면 김과장과 몹시 친밀한 사이거나, 부하 직원을 존중할 줄 모르는 안하무인이거나, 그도 아니면 몹시 화가 나서 그야말로 '제정신이 아닌' 상태일 것이다. 차이를 만들어내는 것은 호칭(당신, 자네, 너)과 종결 어미(하오체, 하게체, 해체)이다. 이 두 가지가 결합하여 온갖 상황이 표현될 수 있다.

한국어의 이런 표현력은 번역가에게 큰 과제를 던진다. 한국어 문학작품을 외국어로 번역하는 어느 선생님은 문학작품의 종결 어미를 옮기느라 골머리를 싸맨다고 하소연했다. 이효석 단편 《메밀꽃 필 무렵》에는 "제천인지로 줄행랑을 놓은 건 그 다음날이렷다." 라는 문장이 등장한다. '렷다'라는 종결 어미는 화자가 다음날의 줄행랑에 대해 익히 알고 있으니 어서 다음 이야기를 이어가라고 재촉한다는 점을 알려준다. 이를 외국어로 번역하기는 결코 간단하지 않다.

외국어에서 한국어로 오는 번역을 주로 하는 내 입장에서는 원문 속 등장인물들의 관계와 심리 상태가 파악되어야 적절한 종결 어미를 선택할 수 있다는 문제가 발생한다. 번역을 1차로 끝마친 후 인물 특성이 재설정되어야 한다는 판단이 서면 종결 어미를 몽땅 바꿔야 하는 일도 벌어진다. 어쩔 수 없다. 독자는 대화문 몇 개만 읽고 난 후 바로 인물의 성격과 위치를 파악할 것이기 때문이다.

대화문에서만 종결 어미가 중요한 것은 아니다. 독자에 따라서 모든 문장의 종결 어미가 달라지기도 한다. 성인 독자를 겨냥하는 책이라면 대부분의 경우 해라체('한다') 문장이 쓰이지만 어린이 책이라면 합쇼체('했습니다')나 해요체('해요')를 쓰게 된다. 텍스트 자체가 독자에 대한 말 걸기라고 본다면 이런 조치 역시 대화문에서와 같이 거리 좁히기 효과를 내는 것이다.

텍스트의 장르 또한 종결 어미 선택의 변수가 된다. 연설문을 번역할 때는 합쇼체('했습니다')를 주로 쓰게 된다. 연설자가 현장에서 해라체('한다')를 사용할 리는 거의 없기 때문에 비록 텍스트로 전달되는 상황이라 해도 합쇼체('했습니다')가 훨씬 실감나는 것이다. 여기 더해 간간이 해요체('해요')를 섞어 준다면 친근감까지 높이는 효과가 나타난다.

이러니 번역가는 종결 어미의 효과에 대해 늘 생각하고 적절한 종결 어미를 예민하게 선택할 수밖에 없다.

그래픽노블, 그러니까 만화로 재탄생한 소설로서 《앵무새 죽이기》를 번역할 때는 종결 어미로 화자의 신분과 성격, 교육수준을 드러내야 하는 어려움을 겪었다. 이 작품의 클라이맥스라 할 만한 재판 장면을 예로 들어 보자. 가난하고 못 배운 백인 처녀가 동네 흑인을 유혹하려다 실패하자 강간범으로 몰아 간다. 변호사는 처녀와 흑인을 차례로 증인 심문한다. 변호사의 질문과 증인들의 답변이 오가는 긴장된 분위기이다. 처녀는 무책임한 술꾼 아버지와 동생들 일곱 명을 돌봐야 하는 주부 역할에 지쳐 있고 백인들에게도 무시당해 열등감에 시달린다. 변호사 역시 자신을 무시할 것이라고 생각해 적대적이다. 다른 한편, 흑인은 교육을 못 받고 백인들에게 늘 굽신거리며 주눅 든 채 살아왔지만 정직하고 착한 인물이다.

심문하는 변호사와 답변하는 처녀의 대화를 나는 아래와 같이 옮겼다.

> 변호사: 메이엘라 양. 열아홉 살이라고요. 동생들은 몇 명입니까?
>
> 처녀: 일곱이요.
>
> 변호사: 그 중 첫째이십니까?
>
> 처녀: 그래요.
>
> 변호사: 어머니는 언제 돌아가셨습니까?
>
> 처녀: 모르죠. 오래 전이어서.
>
> 변호사: 학교에 다녔습니까?
>
> 처녀: 아빠처럼 읽고 쓸 줄은 알아요.
>
> 변호사: 학교는 얼마나 다녔습니까?
>
> 처녀: 2년? 3년? 모르겠어요.

변호사 발언의 종결 어미는 법정이라는 공식석상의 말하기에 적합한 합쇼체를 선택했다. 이 변호사가 지위와 신분에 무관히 모두를 존중하는 성향의 인물이라는 점도 합쇼체가 적절하다고 판단한 이유였다.

반면 처녀는 해요체를 쓰도록 했다. 여기서 해요체는 친근감이 아닌 무례함, 상황 판단의 미숙함을 표현하기 위한 것이다. 심문에 앞서 처녀는 변호사가 존칭을 쓰는 것이 자기를 놀리는 것이라 주장한다. 존중이 바탕이 된 대화를 거의 경험해 보지 못했기에 나오는 반응이다. 어쩌면 처녀가 쓸 수 있는 최대한의 공식적 종결 어미는 해요체일지도 모른다. 종결 어미 없이 끝나 버리는 '오래 전이어서.'나 '2년? 3년?' 같은 문장도 상황에 적절한 말하기를 교육받지 못한 미숙함을 전달하기 위한 장치이다.

이번에는 변호사와 흑인의 대화 장면을 보자.

변호사: 톰 로빈슨 씨, 작년 11월 21일에 어떤 일이 있었습니까?
흑인: 밭일이 끝나고 평소처럼 집으로 가는 길이었습죠. 유얼 집 앞을 지나는데, 메이엘라 아가씨가 현관에 있었습니다요. 이상하게 아주 조용했습죠. 왜일까 궁금해하면서 지나가려는데 아가씨가 와서 잠깐 도와달라고 하셨습니다요.

변호사의 말투는 앞서와 동일하다. 흑인의 경우에는 처녀와 동일한 해요체를 사용하기가 곤란했다. 흑백 차별이 극심하던 1930년대의 미국 남부에서 백인과 흑인이 똑같은 말투를 쓰기는 불가능했을 것이기 때문이다. 그리하여 흑인의 말에는 '습죠'와 '습니다요'를 종결 어미로 선택했다. 이들은 기본적으로 합쇼체이지만 약간 변형되었다. '습죠'는 '습지요'의 줄임말 형태이고 '습니다요'는 '습니다'에 해요체의 '요'를 덧붙인 것이다. 신분제 사회에서 아랫사람이 윗사람에게 쓸 법한 종결 어미이다.

원문에서는 처녀와 흑인의 말투가 큰 차이가 없다. 흑인에게서 흑인 영어의 특징이 보다 두드러지지만 처녀 역시 교육받지 못한 하층민이어서 그런지 흑인 영어의 특징을 일부 공유하고 있다. 하지만 한국어로 옮겨질 때는 변호사, 처녀, 흑인의 말투가 구분되어야 훨씬 자연스러웠고 이를 위한 강력한 최종 병기가 종결 어미였던 셈이다.

나는 왜 '그녀'를 꺼리는가

번역을 하면서, 또 번역을 가르치면서 계속 고민하게 만드는 단어가 하나 있다. '그녀'이다. 나는 '그녀'라는 대명사를 가능한 한 사용하지 않으려 애쓰는 편이다. 그러나 출판사 편집자들은 내 번역문을 교정·교열하는 과정에서 거리낌 없이 '그녀'를 넣어 버린다. 학생들은 번역을 할 때 she 혹은 her라는 단어를 보면 자동적으로 '그녀'라고 옮긴다. 예를 들어 다음의 학생 번역에서도 그녀가 등장한다.

> 우리 딸은 너무 신나서 잭(개 이름)에게 먹이도 주고, 산책도 시키고, 놀아주며 잘 돌보겠다고 약속했죠. 그녀는 잭과 정말 즐거운 시간을 보냈습니다. 정확히 딱 하루요. 그 이후로 아무리 꼬드기고 협박해도 그녀가 잭을 산책시키거나 먹이를 주도록, 배설물을 치우도록 할 수 없었어요.

영어 원문에 등장한 she가 '그녀'로 번역되었다. 하지만 생각해 볼 일이다. 한국 엄마가 딸에 대해 말하면서 '그녀'라고 지칭하는 경우가 과연 있을까. 남편이 아내 이야기를 하면서, 직장 동료를 소개하면서 '그녀'라고 하는 경우는? 나는 그런 경우가 별로 없다고 본다. 그래서 번역할 때 '그녀'를 사용하지 않는다. 편집자가 손봐 보내온 역자 교정 원고에 '그녀'가 있으면 그 단어를 사용하지 않는 것이 내 원칙이니 모두 삭제해 달라고 메모를 남긴다. 그러면서 의구심이 들었다. 내가 '그녀'를 꺼리는 건 괴팍한 개인 취향일까? 충분히 그럴 만한 근거가 있는 걸까? 확인할 필요가 있었다.

우선 '그녀'라는 단어가 우리말에 언제 등장했는지 살펴보자. 국어학자들은 대체로 '그녀'가 20세기 초에 서구의 3인칭 여성 대명사 영향을 받아 생겨났다고 보고 있다. 흥미롭게도 중국어와 일본어에서도 비슷한 시기에 '그녀'에 해당하는 새로운 대명사가 만들어졌다. 동아시아 국가들이 서구 문화와 본격 접촉하면서 보인 언어적 변화의 산물 중 하나가 '그녀'인 셈이다.

현재의 한국어에서 '그녀'는 온전한 3인칭 대명사라기보다는 문체적 도구로 활용된다. 그래서 '그녀'는 대명사가 아니라고 단언하는 학자도 있다. 문체적 도구로서의 '그녀'는 주로 소설에 사용되고 주변 인물이 아닌 중심인물을 가리키는 경우가 많으며 친밀하지 않은 대상을 약간 낮춰 부르는 의미를 지닌다는 특징이 있다. '그녀'

가 문체적 도구라는 견해는 내 개인적 경험을 통해서도 뒷받침된다. 어린 시절 읽었던 책에서는 '그녀'를 거의 보지 못했다. 반면 스무 살 이후 접한 대중가요('그녀의 웃음소리뿐'(1987, 이문세 노래), '그녀에게 전해주오'(1987, 소방차 노래), '그녀를 만나는 곳 100m 전'(1991, 이상우 노래) 등), 또한 젊은 여성 작가들의 소설(공지영 작 《무소의 뿔처럼 혼자서 가라》, 은희경 작 《아내의 상자》, 신경숙 작 《외딴방》 등)에서는 '그녀'가 빈번하게 등장했던 것이다.

그런데 오늘날 '그녀'의 쓰임새는 문체적 도구를 넘어서 계속 확대되는 듯하다. 우선 여성 연예인의 근황을 소개하며 그 연예인을 '그녀'로 지칭하는 경우가 특히 인터넷 뉴스를 중심으로 흔히 관찰된다. 예를 들어 '하지원, 시선을 빼앗는 그녀!'(일간스포츠, 2016년 12월 01일자)와 같은 기사 제목이 있다. 또한 젊은 세대들은 화제에 오른 특정 여성을 '그녀'라고 지칭하는 경우가 종종 있다고 한다. 뒷담화를 할 때 혹은 새로 사귀게 되었거나 사귀고 싶은 이성일 때 특히 그렇다. 일상의 구어에까지 '그녀'가 진출한 셈이다! 이런 변화를 보면 친밀하지 않은 대상을 약간 낮춰 부른다는 의미적 특성이 변화하는 과정에 있는지도 모르겠다.

변화하는 중이어서 그런지 '그녀'의 쓰임은 아직 충분히 일반화되거나 확립되지 못했다. 그리하여 나라는 한국어 사용자는 '그녀'가 등장하는 기사나 대화가 어색하고 불편하다. 성장 시기 탓, 다시 말해 나이 탓인지도 모른다. 내가 한국어 어법과 용례를 익히던 시절에 '그녀'는 극히 제한적으로 사용되었고 결국 내 능동적 어휘 창고에 '그녀'는 포함되지 못했던 것이다. 그러니 나는 번역하면서도 '그녀' 사용을 꺼릴 수밖에 없다. 번역의 글쓰기는 언어 변화의 선두를 지향하기보다 가장 전형적이고 무리 없는 쓰임에 맞춰져야 한다는 생각도 여기에 한몫을 한다.

'그녀'를 굳이 사용하지 않아도 한국어 문장은 얼마든지 구성할 수 있다. 이름이나 직책을 반복 사용하는 것, 적절히 생략하는 것, 상황에 따라 '그 여자', '그 분', '그 아이' 등 대체 지시어를 사용하는 것 등의 대안이 있다. 예를 들어 서두에 등장했던 학생 번역은 다음과 같이 수정이 가능할 것이다.

우리 딸은 너무 신나서 잭(개 이름)에게 먹이도 주고, 산책도 시키고, 놀아주며 잘 돌보겠다고 약속했죠. 그리고는 잭과 정말 즐거운 시간을 보냈습니다. 정확히 딱 하루요. 그 이후로 아무리 꼬드기고 협박해도 딸아이가 잭을 산책시키거나 먹이를 주도록, 배설물을 치우도록 할 수 없었어요.

첫 번째 '그녀'는 생략되었고 두 번째 '그녀'는 '딸아이'로 대체되었다. '그녀' 사용은 필수가 아닌 선택의 문제인 것이다.

지금까지의 내용을 정리해 보자. 나는 '그녀' 사용이 활발하지 않은 시대에 한국어를 익혔다는 개인적 경험 때문에, 또한 '그녀' 용례가 충분히 확립되거나 합의되지 못한 상황이기 때문에 번역할 때 '그녀' 사용을 꺼리고 있다. 개인적 취향과 객관적 상황이 모두 작용한 결과이다. 아마 당분간은 계속 그럴 것이다. 하지만 학생들에게 동일한 태도를 요구하기는 어렵다. 학생들은 '그녀'를 접해 온 이력이 나와 다르기 때문이다. 인터넷 시대가 열리면서 '그녀'의 쓰임이 계속 확장되는 추세임을 감안하면 상당수 학생들의 능동적 언어 창고 안에는 이미 '그녀'가 포함되었을 것이다. 이렇게 보면 '그녀'는 세대에 따라 한국어가 달라진다는 것을 분명하게 보여주는 사례인지도 모른다.

'한국어 숙달' 수업에서
어떻게 한국어를 숙달시킬 것인가

한국외대 통번역대학원에는 '한국어 숙달'이라는 교과목이 있다. 선택 필수 과목으로 학생들은 'B 언어 숙달'과 '한국어 숙달' 중 하나를 골라 수강한다. 한국어 모국어 화자로서 전공 외국어인 B 언어 학습이 더 필요하다고 판단되면 'B 언어 숙달'을, 외국인 학생 혹은 외국어보다 한국어 능력 보강이 더 급하다고 여기는 학생은 '한국어 숙달'을 택한다.

'한국어 숙달'은 학생의 특성에 맞춰 열 명 안팎 규모로 한 반씩을 구성해 진행되며 나는 외국인 학생 혹은 해외에서 오래 체류한 학생들이 모인 반을 주로 맡아 왔다. '오래' 체류했다는 기준은 교육을 받는 기간, 즉 초등학교부터 대학교에 이르는 교육 기간 16년 중 해외 교육기관에서 보낸 기간이 10년 이상이라는 것이다. 해당 등급의 한국 교육기관에서 학습하게 되는 한국어가 결핍되었을 가능성이 크기 때문이다.

'한국어 숙달'이라는 교과목 명칭을 보면 수강하는 학생들에게 한국어를 숙달시켜 줄 것처럼 보인다. 하지만 솔직히 이는 두 학기 수업으로 달성하기에는 어려운 목표이다. 그리하여 나는 '출발 시점의 한국어 수준에서 조금 더 나아가기'라는 현실적 목표를 세워 둔다. 통번역대학원에 입학한 학생들의 한국어는 교재를 바탕으로 문법을 익히고 문장 만들기를 연습하는 수준을 이미 넘어서 있다. 고급 단계의 학습자인 셈이다. 그런데 고급 단계의 외국어 학습은 진전이 빨리 되지 않는다. 사용할 수 있는 표현이 눈에 띄게 늘어나고 나날이 소통이 자유로워지는 초중급 단계와는 다른 것이다. 결국 고급 단계 학습자에게는 노력해도 아무 발전 없어 보이는 상황을 감내하는 인내심이 필요하다. 그 인내심을 발휘하면서 학습을 지속할 수 있도록 하는 동기부여 역할이 고급 단계 담당 교수자의 몫이다.

'한국어'라고 통칭되는 대상의 어느 부분을 주로 공략해야 할 것인지 또한 중요한 고려 대상이다. 말하기와 쓰기 쪽인가, 듣기와 읽기 쪽인가? 'B 언어 숙달'과 '한국어 숙달'이 선택 필수로 함께 묶여 있다는 것은 '한국어 숙달' 교과목이 B 언어 과목으로 구분된다는 의미이다. B 언어는 모국어인 A 언어에 비해서는 수준이 떨어지지만 듣기와 읽기라는 수동적 사용뿐 아니라 말하기와 쓰기라는 능동적 사용에서도 통번역 업무가 가능한 언어를 말한다. 그런데 현실로 들어가면 같은 B 언어라 해도 학생에 따라 편차가 크다. 더욱이 통번역대학원에서는 정치외교, 산업경제, 과학기술 영역의 공식 회의 통번역 서비스를 초점으로 삼는 만큼 연설문, 신문 기사, 전문분야 문서 등에 사용되는 언어가 교육 대상이다. 외국인과 해외 장기 체류 학생들이 취약할 수밖에 없는 종류의 한국어이다. 그리하여 '한국어 숙달'에서는 공식 회의 한국어를 일단 듣고 읽는 능력을 갖추도록, 더 나아가 가능한 한 말하고 쓰기 단계까지 나아갈 수 있도록 돕게 된다.

수업 시간에는 학생들의 실습 결과를 바탕으로 한 피드백이 주로 이루어진다. 학생별로 구두 발표 실습을 하고 청중과의 내용 관련 질의응답, 교수자의 발음 및 표현 교정을 받는다. 구두 발표를 들은 청중 학생들은 소감문을 써서 들었던 내용을 정리하고 소감문 문장 표현을 검토받는다. 쓰기 실습에서는 한 쪽 내외의 자유 주제 글, 그리고 전공 언어에서 한국어로 번역한 글을 공개해 모두가 함께 살펴보고 수정 보완하는 과정을 거친다.

실습과 피드백 중심 수업은 교수자 주도 강의 수업에 비해 체계성이 떨어진다. 학생들이 내놓은 표현을 주된 수업 자료로 삼기 때문이다. 학생의 말이나 글에서 나오지 않은 내용은 다뤄질 기회가 없게 된다. 어휘 수준, 특정 명사와 전형적으로 결합하는 동사를 확인하는 등의 어결합 수준, 문장 수준, 문장의 결합과 논리 전개 수준 등도 한꺼번에 다룰 수밖에 없다. 반면 학생 입장에서 볼 때 현실적 유용성은 높다. 일반적 언어 지식보다는 자신이 모르고 있던 부분, 늘 틀리던 부분을 콕 짚어 분석하고 교정할 기회가 되기 때문이다. 이는 특히 고급 단계 학습자에게 필요한 과정이고 학습 동기를 높이는 요소로도 작용한다.

나는 피드백의 주체를 교수자뿐 아니라 학생들로 확대한다. 학생들도 서로의 말과 글에 대해 개선 방향을 고민하도록 하는 것이다. 한국어 능력이 부족해 '한국어 숙달'을 수강하는 학생에게 동료들의 한국어를 고치게 하는 셈이니 부담스러운 과제가 분명하지만 이는 내가 아는 한국어 지식을 다시 검토하고 찾아볼 학습 계기이다. 교수자 입장에서는 학생의 피드백을 보면서 문제 되는 내용을 다시 짚고 수정해 줄 수도 있다.

실습 중심의 수업은 통번역대학원 학생이던 시절부터 내게 익숙한 방식이다. 당시 러시아 선생님은 우리가 제출한 러시아어 작문 혹은 번역을 검토하고 문제가 되는 부분을 짚어 주셨다. 대부분의 경우 수정한 이유를 알려주었지만 때로는 문법적 설명을 포기한 채 "이렇게 써도 안 될 건 없지만 어떻든 우리는 아무도 이렇게 안 쓴단다."라는 대답과 함께 대안을 주시기도 했다. 외국인 학습자의 한계를 느끼는 순간이었으나 어쩔 수 없었다. 언어는 약속이니 말이다. 재미있게도 통번역대학원 졸업 직후 주한 러시아대사관에서 젊은 외교관들을 대상으로 한국어 수업을 할 때 나 역시 똑같은 상황을 반복했다. 한국어를 전공하고 주재 외교관으로 일하면서 고급 단계에 다다른 사람들이 쓴 문장을 보면서 나 역시 "이렇게 써도 안 될 건 없지만 어떻든 우리는 아무도 이렇게 안 씁니다."라고 말해야 하는 일이 발생했던 것이다.

'한국어 숙달' 수업에서도 마찬가지 일이 일어난다. 특히 외국인 학생 혹은 해외에서 오래 체류한 학생들이 공통적으로 미숙한 부분인 한자어와 사자성어를 다루게 될 때 그렇다. 사자성어는 대부분 중국에서 왔는데 정작 동일한 사자성어가 한국과 중국에서 다른 의미로 사용되는 경우가 적지 않다. 왜 다른 의미가 되었는지 나로서는 알 수 없는 일이다. 옛날에 누군가 한번 달리 사용한 후 다른 이들도 그렇게 사용하게 되면서 결국 의미가 바뀌었을 것이다. 물론 교수자는 한국어를 교정해 주면서 최대한 이유를 찾아 설명해야 마땅하지만 이것이 늘 가능하지는 않다.

한자와 사자성어는 '한국어 숙달' 수강 학생들의 가장 큰 고민거리이다. 기본 한자를 모르면 한자를 기반으로 조어된 어휘를 이해하고 활용하기가 어렵다. 공식 회의 석상에 자주 등장하는 사자성어의 뜻을 모르면 말의 맥락을 180도 오해하는 아찔한 상황이 발생하기도 한다. 그렇다고 상용한자 1800자, 사자성어 400개를 달달 외우는 방식은 효과적이지 않고 응용 가능성도 떨어진다. 통번역 수업 시간에 실습하면서, 뉴스를 접하면서, 방송 프로그램을 보면서 모르는 한자 어휘나 사자성어가 등장할 때마다 잡아채 의미를 확인하고 사용 맥락을 이해하는 방법이 최상이 아닐까 싶다. 이를 위해 '한국어 숙달' 수업에는 '궁금증 해결' 과제가 늘 부과된다. 학생들이 한국어와 관련해 몰랐던 부분을 찾고 공유하는 과제이다. 한자와 사자성어뿐 아니라 틀리기 쉬운 맞춤법, 시사경제 용어, 신조어, 헷갈리는 유사 단어, 문장부호 등 다양한 내용이 과제로 등장한다. 한 학생이 '궁금증 해결' 과제를 하나씩 하더라도 열 명이 공유하면 한 주에 열 개씩 한국어의 구멍이 메워지는 셈이다.

'한국어 숙달'은 한국어를 숙달시켜 주는 교과목이 아니다. 한국어 숙달이라는 멀고도 높은 목표를 향해 나아가는 길의 출발점 혹은 길잡이가 되어 주는 수업이다. 자신의 한국어가 지닌 수많은 문제를 차근차근 하나씩 발견하고 해결해 나가는 느릿느릿한 과정을 기꺼이 감수하도록 할 동기를 부여하는 장이다.

번역가의 지위

직업병인지 몰라도 번역서를 보게 되면 번역가가 누구인지 늘 확인한다. 번역서 표지에는 저자 이름과 함께 번역가 이름이 꼭 들어가는 것이 우리 관행이다. 그리고 표지 날개 부분이나 본문 마지막 장에 번역가 이력도 소개된다. 아주 가끔 번역가 이력이 누락된 책을 보면 쓸데없이 분노한다. 번역가가 이렇게 대접받으면 되겠느냐고 중얼거리면서.

번역가의 이름 석 자와 이력이 반드시 들어가는 것이 사실 세계 공통의 관행은 아니다. 번역가 이름 없이 작가 이름만 나오는 나라도 있고 번역가 이름이 박혔다 해도 이력까지는 소개되지 않는 경우도 많다. 이를 고려하면 한국에서는 번역가의 존재와 그 중요성이 최소한으로는 인정받는다고 할 수 있다. 번역의 수요가 워낙 많은 상황도 한몫할 것이다.

번역가를 분명히 밝히는 것이 번역 작업의 가치를 인정하는 대접의 측면만은 물론 아니다. 문제가 발생할 경우 책임 소재를 밝히는 것이기도 하다. 대접받기의 이면은 언제나 책임과 의무이니 말이다. 번역에 문제가 제기되는 경우 비난은 번역가에게 집중될 수밖에 없다. 출판 번역에서는 번역가와 담당 편집자가 협력 작업을 하는 만큼 번역서에 담당 편집자 이름이 나오면 좋겠다는 생각이다. 책임을 나누어 지는 의미도 있지만 편집자가 경력을 쌓는 효과도 있을 테니까. 지금은 책 마지막 쪽에 출판사 사장과 직원들 이름이 모두 나열되는 일이 대부분이다. 그래서 어느 편집자가 주된 역할을 했는지 알 수 없다.

번역가 이름과 이력이 나오는 것을 넘어서 '옮긴이의 말'이나 '역자 해설'까지 실리는 번역서도 있다. 이 정도면 번역가의 가시성, 즉 번역가가 독자의 시야에 들어오는 수준이 아주 높은 것이라 하겠다. 가시성 정도는 번역가의 지위를 가늠하는 한 가지 기준으로 여겨진다.

'옮긴이의 말'은 번역가의 개인적인 감상이 포함된 번역 후기로, 가벼운 글이다. 이와 달리 '역자 해설'은 진지한 작품 분석으로 작가론, 작품의 배경과 집필 의도, 작품 내용 분석, 문학사적 가치 등으로 이루어진다. 주로 문학서 말미에 '역자 해설'이 들어간다. 이 '역자 해설'은 문학 전공 학자들이 작품 번역을 주로 맡았던 과거 상황의 유산으로 보인다. 작품을 읽을 때 무엇을 어떻게 고려해야 할지를 번역가가 교사로서, 혹은 안내자로서 보여주는 것이다. 번역가의 가시성 측면으로 보자면 가히 으뜸 가는 요소가 아닐 수 없다.

개인적으로는 '역자 해설' 의뢰가 곤혹스럽다. 나는 문학 교사가 아닌, 그저 한 명의 독자로서의 번역가를 지향하기 때문이다. 원치 않은 안내자 역할을 억지로 떠맡는 기분이다. 소설 작품은 꼭 작가의 의도에 맞춰 읽어야만 하는 것은 아니지 않을까. 독자 자신의 경험이나 상황에 따라 얼마든지 나름대로 해석하고 공감할 수 있지 않을까. 이런 생각 때문에 문학 공부에는 가까이 가지 않으려 애썼는데 번역을 하면서 엉뚱하게 복병을 만나고 말았다. 깜냥도 안 되는 나 같은 번역가에게 권위 있는 해설을 해달라니 결국 검색을 통한 자료 정리로 해결할 수밖에 없다. '이런 건 독자들도 얼마든지 찾아볼 수 있을 텐데.'라고 생각하면서 말이다.

번역서에 번역가 이름, 이력, '옮긴이의 말'이나 '작품 해설'이 포함되는 것은 한국의 번역가가 꽤 가시적이라는 긍정적인 신호이다.

물론 번역가의 지위가 가시성만으로 결정될 수는 없다. 직업의 지위를 사회적 인식과 경제적 보수로 나눠 볼 때 가시성은 사회적 인식의 한 부분을 이룬다. 그럼 총체적으로 번역가에 대한 사회적 인식은 어떨까? 아주 높은 것은 아니지만 그렇다고 바닥도 아닌 것 같다. '먹물들의 막장', 즉 배운 사람들이 마지막으로 택하는 밥벌이라는 자조적 표현도 있긴 하지만 번역가가 되고 싶다는 사람들이 적지 않다. 직장이라는 위계 조직에 들어갈 필요 없이 혼자 할 수 있는 일, 특히 여성들의 경우 자녀를 키우고 가사일을 하면서 병행 가능한 일로 여겨져서 그렇다. 경제적 보수 측면을 봐도 큰돈을 벌기는 어렵다지만 그럭저럭 생활할 수 있는 수입은 올릴 수 있는 일이고 말이다.

자, 그럼 번역가의 지위가 괜찮다고 할 수 있을까? 그렇다고 말할 수 없게 만드는 몇 년 전의 경험이 있다. 심리학 분야의 책을 번역했을 때였다. 번역을 보낸 지 열흘이 지났을 때 조금 더 다듬어 달라는 출판사 요청이 왔다. 어디를 어떻게 다듬어 달라는 말은 없었다. 나는 전체 번역을 다시 읽고 나름대로 한 번 더 손을 보아 다시 보냈다. 그런데 보름 후 출판사가 외부 전문가에게 의뢰해 윤문 작업을 하기로 했다고 통보해 왔다. 게다가 그 윤문 비용은 제대로 된 번역을 하지 못한 내가 부담해야 한다면서 번역료에서 제하겠다고 했다. 처음 겪어 보는 일이라 황당하기 짝이 없었다. 두 달 후 번역서가 출간되었다. 출판 전에 윤문 결과물을 확인할 기회는 주어지지 않았다. 윤문비는 번역료의 25퍼센트가 넘어가는 적지 않은 금액이었다.

윤문은 글을 윤색한다는 뜻이다. 출판업계에서 흔히 쓰이는 용어지만 범위가 명확하지는 않다. 늘 거치기 마련인 교정·교열이 번역문의 잘못을 바로잡는 작업이라고 한다면 윤문은 여기서 한 발 더 나아가 잘잘못을 따지기 어려운 부분까지 매만지는 작업이다.

나는 화가 난 상태에서 상황을 파악하기 위해 납품 번역문과 출간본을 비교했다(덕분에 '출판 번역에서 번역가의 책임과 권리는 어디까지인가?'라는 논문을 하나 쓸 수 있었다). 비교 결과 전체 문장의 90퍼센트 이상이 조금씩이라도 바뀌어 있었다. 어순 바꾸기, 어휘 대체하기, 문장 구조 변경하기, 문장이나 문단 생략하기 등이 이루어졌다. 나는 출판사에서 가능한 한 학술서의 모습을 버리고 일반인을 위한 교양서로 가고자 했다는 결론을 내렸다. 문제는 내가 동의할 수 없는 수정이 다수 이루어졌고 이에 대해 내 동의를 구하는 절차가 생략된 채 내 이름으로 출판되었다는 점이다. 이 추가적 과정에서 소요된 비용까지 일방적으로 내게 부담시켰고 말이다.

번역문에 비문이나 미숙한 표현, 논리적 단절이 많다면 번역가에게 책임을 묻는 것이 당연하다. 하지만 개개인마다 다른 글쓰기 성향, 즉 문체 측면의 문제라면 편집자와 번역가가 적절한 수정안을 합의해야 할 것이다. 나는 수정 과정에서 배제되었고 부당한 대우를 받았다고 느꼈다. 이를 계기로 번역가의 책임은 한없이 큰 데 비해 권리는 미약하다는, 번역가의 지위가 생각보다 낮다는 생각을 하게 되었다.

번역가의 지위를 확보하기 위해서는 매끄러움과 거리가 먼 울퉁불퉁 번역을 해야 한다는 흥미로운 주장도 있다. 외국어에서 번역된 책이 흠잡을 데 없이 매끄러운 번역어 텍스트로 재탄생했다가는 번역이라는 현상, 번역가라는 존재의 개입이 시야에서 가려져 결국 번역가의 지위가 하락할 수밖에 없다는 것이다. 영어권 번역학자에 게서 나온 얘기인데 물론 우리 상황에 그대로 적용하기는 힘들어 보인다. 번역서의 비중이 몹시 낮고 외국어나 외국 문화의 이질감 이 최소화된 영어 텍스트 번역이 관행화된 그쪽 사정과 달리 우리 에겐 번역서 비중이 대단히 높고 아직까지도 가독성 떨어지는 번역 이 독자들의 불만을 사고 있기 때문이다.

번역가의 지위는 그 사회와 문화 속 번역의 특성을 반영한다. 이 런 이유로 번역을 공부하는 나는 번역가가 어떤 위치에서 어떤 의 무와 권리를 갖는지 계속 살피게 된다.

영상 번역이라는 또 다른 세계

인터넷도 주문형 비디오도 없던 시절, TV에서 방영되는 외화와 외국 드라마는 하늘을 찌를 듯 인기가 높았다. 나도 중고생 시절 토요일 저녁마다 목이 빠지게 '주말의 명화' 혹은 '토요 명화' 시간을 기다렸던 기억이 생생하다. 당시 외국 영화와 드라마는 모두 더빙되어 방송되었다. 주인공 역할을 주로 맡는 성우들은 주요 배우별로 역할을 배분하기도 했지만 겹치기 녹음도 적지 않았다. 영상 속 주인공 얼굴은 다르지만 한국어 목소리는 똑같은 재미있는 상황이었다(1990년대 초 미국에 가서 살게 된 동창생은 TV 속 배우의 낯선 목소리가 영 어색하다고까지 했다. 익숙한 성우 목소리를 당연한 듯 기대한 탓이었다).

그 시대 영상 번역을 담당했던 작가들을 만날 기회가 있었다. 세미나에 강연 초청을 받은 것이었지만 결국은 내가 궁금했던 사항을 더 많이 묻고 함께 이야기 나누는 자리가 되었다. 더빙 시대의 주역이었던 번역가들을 만난다는 생각에 가슴까지 두근거렸다. 젊은 축은 내 또래, 경력이 오래된 분은 근 30년 연상이었다. 더빙을 위해 영상물을 번역하는 팀은 방송사 내에 전속으로 고용되어 있었다고 한다. 고정적으로 업무가 발생했을 테니 그럴 만하다. 더빙이 자막으로 대체된 요즘은 번역회사가 영상 번역 일을 주로 맡고 더빙 시대 번역가들은 프리랜서로 일을 하게 되면서 다큐멘터리나 영화 자막 번역으로 영역을 확대하고 있다고 했다.

방송국 내 번역의 고충을 묻자 이구동성으로 심의 통과가 어렵다는 점을 지적했다. 현장에서 은퇴한 원로 피디가 주로 번역 심의를 맡는데 주먹구구 기준을 들이대면서 퇴짜를 놓는다는 것이다. 비속어, 특히 욕설을 사용하지 못하게 하는 것이 가장 곤란하다고 했다. 극악한 범죄자가 고분고분 온화한 말투로 상대를 위협할 수는 없는 노릇인데 말이다. 지상파 공영방송 입장이니 언어 순화를 고려하지 않을 수 없긴 하지만 욕설로 도배된 영화나 드라마를 과연 순화된 한국어로 얼마나 표현할 수 있을지 나도 잘 상상이 가지 않았다(욕설 등 비속어 번역은 영상물에 비해 오히려 출판물에서 더 자유롭다. 영상물과 달리 출판물은 심의 과정을 거치지 않기 때문이다).

지금은 더빙 번역된 방송을 만나기 어렵다. 매체가 다변화되면서 더빙은 급속히 사라졌고 공영방송 KBS가 마지막까지 더빙 영화

방송을 유지하다가 결국 중단했다. 2014년 영국 드라마 〈셜록〉이 KBS에서 더빙으로 방송되었을 때 시청자들이 불만을 쏟아냈던 사건도 영향을 미쳤다. 원하는 사람은 자막판으로 볼 수 있도록 음성 다중 설정이 되어 있었는데도 그랬다. '요즘 누가 더빙으로 셜록 보냐'라는 댓글에 화가 난 성우가 '내가 더빙으로 셜록 본다'라고 트위터 대댓글을 달아 화제가 되기도 했다.

시청자들은 왜 더빙 방송을 불만스러워 했을까. 배우의 본래 목소리, 목소리에 담긴 연기를 여과 없이 보고 싶어서 그랬던 모양이다. 우리나라 더빙은 배우 입 모양과 대사를 감쪽같이 맞출 정도로 수준이 높았지만 시대의 변화는 어쩔 수 없었다. 2014년이면 이미 자막 처리된 영상들이 인터넷에 넘쳐나던 시절이어서 거기 익숙해진 사람들이 더빙 자체를 낯설어 했을 수도 있다.

유럽에서는 더빙 원칙을 고수하는 국가들이 적지 않다. 자국어 보호 차원이기도 하고 접근 기회를 균등하게 보장하는 차원이기도 하다. 시각 장애인이나 문맹자인 경우 자막을 읽을 수 없다. 어린이나 노인들도 짧은 시간 안에 자막을 금방 읽어내기 어렵다. 자칫 자막을 보느라 영상을 일부 놓치는 일도 벌어진다. 더빙에는 이렇듯 분명한 장점이 있지만 우리나라에서 대세는 자막으로 옮겨 갔다. 성우를 고용해 녹음 과정을 거쳐야 하는 더빙이 자막에 비해 비용이 훨씬 더 많이 먹힌다는 점도 불리하게 작용했을 것이다. 지금 유일하게 더빙 처리되는 영상 번역은 어린이 대상 애니메이션이다.

영상 세대인 학생들은 당연히 영상 번역에 관심이 많다. 한 학기 번역 수업을 해보면 영상 자료가 번역 원문으로 등장하는 일이 두세 차례 늘 있을 정도다. 이때 더빙을 염두에 두고 번역했다는 경우는 한 번도 보지 못했다. 젊은 시청자들에게는 이미 자막이 대세인 것이다.

나는 영상 번역이라 할 만한 일을 딱 한 번 해보았다. 1990년대 말이었다. 고려인을 다루는 독립영화에서 러시아어 인터뷰 부분을 자막 번역하는 작업이었다. 감독이 제 돈 들여 제작하다시피 하는 영화였으므로 보수는 없었다. 오디오 파일로 인터뷰 부분을 받아 번역을 해서 보냈다. 그것으로 끝인가 했더니 자막을 영상에 입히는 일까지 해야 한다고 했다. 어느 대사에 어느 자막을 붙여야 할지 다른 사람은 모를 테니 내가 맡을 수밖에 없었다. 스튜디오에 가 보았더니 영상을 보면서 자막을 넣는 방식이 아니었다. 끼긱끼긱 하며 잘 들리지도 않는 오디오가 돌아가는 와중에 여기는 이 대사, 저기는 저 대사라고 지정해 줘야 했다. 갸웃거리며 간신히 맞춘다고는 했지만 제대로 될 리 없었고 결국 영화 화면 자막과 인터뷰 음성이 잘 맞지 않더라는 후일담을 들었다. 자막 프로그램이 지금처럼 발전하기 전의 얘기다.

그런데 지금도 영상 번역가의 작업 조건이 썩 좋아진 것은 아니다. 기밀 유지 때문이라고 한다. 번역 과정에서 영상 내용이나 파일이 유출될 것을 우려한 제작사들은 영상이 흐릿하게 보이도록 처리하고 심한 경우 아예 영상 없이 대본만 가지고 번역하게끔 한다. 제대로 된 영상 없이 대본만으로 상황을 이해하고 옮겨야 하는 극한의 번역 조건은 오류로 연결될 수밖에 없다. 말과 행동이 합쳐져 의사소통이 이루어지는 상황에서 행동은 감춰 버리고 말만 가지고 같은 상황을 재현하라니 자칫하면 180도 다른 해석이 나오지 않겠는가.

영상 자막 번역의 작업 조건이 이렇게 열악한데도 자막 번역가의 부담감은 다른 어떤 번역보다도 무겁다. 시청자가 원문을 오디오로 듣는 동시에 눈으로 자막을 읽게 된다는 시청각 방식 때문에 그렇다. 어떤 원문을 어떻게 번역했는지 계속 비교하고 평가할 수 있다. 그래서인지 출판 번역 못지않게 번역 비판이 쏟아져 나오는 곳이 영상 번역이다. 마블 영화 〈캡틴 아메리카: 시빌 워〉에서 벌어진 오렌지 사건도 그 중 하나이다.

영화 속 격렬한 전투 장면이 끝난 후 지친 앤트맨이 "Does anyone have orange slices?"라고 말한 부분이 "누구 오렌지 있어?"라고 번역되었다. 관객들은 뜬금없는 오렌지 등장에 당황했다. 번역이 잘못되었다는 주장이 이어졌다. 원문이 'orange slices'가 아니라 'orange license'라는 설명도 나왔다. 누구든 트럭 면허 가진 사람이 자기를 태워서 다른 곳으로 데려가 달라는 뜻이라는 것이다. 결국 배급사가 나서서 오렌지가 맞다고 해명했다. 미국에서는 운동한 후 과일을 먹는 경우가 흔하고 가장 대표적인 것이 오

'Orange' 하나가 평지풍파를 일으켰다. 한동안 국내 관객들 사이에서 앤트맨의 대사 "Does anyone have orange slices?"의 의미를 두고 설전이 오갔지만 사실 미국에서 오렌지는 운동 전후 혹은 축구 경기의 하프타임 때 에너지 보충원으로 즐겨 먹는 간식거리이다. 미국인들은 이 과일을 'Soccer Snack' 혹은 'Orange Mom'이라는 별칭으로 부르기도 한다.

렌지라는 설명이었다.

한국 관객들에게 운동 후 먹는 오렌지가 낯설다면 대안은 무엇이었을까? "시원한 것 좀 없어?" "마실 것 좀 줘 봐." "이제 간식 좀 먹어 볼까?" "당 떨어졌는데 뭐 없나?" 등등이 떠오른다. 하지만 관객들 귀에 오렌지라는 단어가 분명하게 들리는 자막 번역 상황에서는 이것도 속 편한 선택이 못 된다. 오렌지는 어디 갔느냐는 비판이 다시 나올 수도 있으니 말이다. 몇몇 할리우드 영화사들이 자막 번역 후 본사에 보내 감수를 거치라고 요구하는 것을 고려하면 더더욱 그렇다.

다른 한편, 영상과 자막이 동시에 제공되는 상황은 번역가에게 도움이 되는 측면도 있다. 자막은 글자 수가 제한되어 내용을 압축할 수밖에 없는데 이때 영상에서 분명히 드러나는 정보는 자막에서 생략 가능하기 때문이다. 텍스트만 가지고 씨름하는 번역에 비해 영상으로 풍부한 맥락 정보가 주어지는 영상 자막 번역은 상대적으로 작업이 더 용이할 수도 있다.

정보의 원천이나 즐길 거리로 텍스트보다 영상이 훨씬 환영받는 영상의 시대가 열린 만큼 영상 번역 수요는 앞으로도 계속 늘어날 것이다. TV 콘텐츠나 영화 외에도 유튜브, 게임, 음악이나 연극 공연 등으로 영역 또한 확대되는 중이다. 이러니 번역을 공부하는 사람은 영상 번역에 지속적으로 관심을 가질 수밖에 없다.

번역과 글쓰기

통번역학으로 박사 학위를 받은 후 나는 대학에서 글쓰기 교양 수업을 담당하는 선생이 되었다. 예상치 못한 일이었다(하긴 통번역 대학원에 들어간 것도, 책 번역을 시작한 것도, 박사 학위까지 공부를 계속한 것도 모두 예상했던 일들은 아니었다. 장기 계획을 세우지 않는 탓인지 내 삶에는 우연이 많이 작용한다). 통번역 전공자를 찾는 일자리에 지원할 때 바로 아래 칸에 글쓰기 선생 모집 공고가 보였고 제출해야 할 서류가 비슷하기에 두 벌을 준비해 양쪽에 냈다. 그 결과 나는 15년차 글쓰기 선생으로 살고 있다.

그때나 지금이나 글쓰기 혹은 글쓰기 교육을 전공하는 사람은 많지 않다. 그래서 대개 국어학, 국문학, 철학 전공자들이 대학에서 글쓰기를 가르치곤 한다. 통번역학 전공자인 내가 그 자리에 들어간 것은 좀 신기한 일이었다. 나중에 안 일이지만 책 번역을 많이 한 것이 좋은 평가를 받았다고 했다. 여러 글을 많이 읽고 또 번역 과정에서 많이 썼으니 글쓰기 선생이 되기에 무리가 없다고 판단했다는 것이다.

당시 심사위원들의 그 생각이 과연 타당했는지 나는 이후 계속 고민하게 되었다. 번역 일을 하고 번역을 전공한 나는 글쓰기 선생의 자격이 있는 것일까? 번역과 글쓰기 사이에 어떤 연결 관계를 맺을 수 있는 것일까? 혼자 다른 길을 가게 된 동학을 보는 통번역학계 지인들에게, 또한 혼자 동떨어진 전공 이력을 가진 동료를 보는 글쓰기 선생들에게 뭔가 할 말을 마련해 두어야 할 필요도 있었다.

일단 번역과 글쓰기의 차이점부터 살펴보자. 번역에는 원문이 있고 글쓰기에는 원문이 없다. 그래서 번역은 원문이 만들고 있는 세계를 다른 언어로 바꾸는 일이 되고 글쓰기는 머릿속으로 세계를 구상하여 언어로 표현하는 일이 된다. 번역에는 외국어 능력이 필요하고 글쓰기에는 창안과 구성 능력이 필요하다. 이렇게 구분하다 보면 번역과 글쓰기가 엄연히 다른 일이 된다. 글쓰기는 창조이고 번역은 모방이니까.

그런데 정말 그럴까? 소설 작품을 뮤지컬로 바꿔 쓰는 경우를 상상해 보자. 내용을 대폭 압축하고 극적 요소를 살리면서 대화 위주로 각색해야 할 것이다. 소설이라는 원문이 존재하는 바탕 위에서 새로운 글쓰기가 이루어진다. 소설과 뮤지컬의 언어가 다르다면 이는 번역이라고 불러야 할까? 언어가 같은 경우라면 이는 글쓰기인가? 글쓰기는 글쓰기이되 엄밀한 의미에서 독자성을 인정받는 글쓰기는 아니라고 해야 할까? 번역과 글쓰기의 엄격한 칸막이에 조금 균열이 생긴다.

한 걸음 더 나아가 보자. 글쓰기는 글쓴이의 완전한 창조인가? 글쓴이는 말문이 트이고 글자를 익히는 시점부터 수많은 글을 접하게 된다. 그 글들은 차곡차곡 글쓴이의 머릿속 언어창고에 저장되고 글을 쓸 때 참고자료로 작용한다. 하늘 아래 새로운 글이 없다는 말이 그래서 나온다. 주제와 내용이든, 표현과 구성이든 지금 내가 쓰는 글은 앞서 누군가 썼던 글에서 무언가는 모방한 결과물이다. 치열하게 눈을 부릅뜨고 남의 글을 열심히 뜯어 읽은 경험이 없는 사람이 좋은 글을 쓰기는 쉽지 않다.

번역가가 번역을 할 때는 어떨까? 물론 번역 과정에서 가장 많이 참조하는 것은 원문이다. 그런데 원문 내용을 이해하는 방식, 원문 구성을 알아보는 능력, 이를 바탕으로 다른 언어로 된 새로운 글을 써내는 힘은 번역가가 살아 오면서 양쪽 언어로 접한 무수히 많은 글들에서 나올 수밖에 없다.

글쓰기와 번역의 첫 번째 공통점이 여기서 나온다. 둘 다 치열하고 치밀한 글 읽기를 요구한다는 점이다. 영상 번역의 1세대 선배인 박찬순 님이 쓴 책에서 '외국어 좀 한다고 번역이나 좀 해볼까 하는 생각은 팔다리가 있으니 발레나 좀 해볼까 하는 것과 같다.'라는 구절을 읽고 한참 깔깔거린 적이 있다. 발레를 하려면 기본기 습득과 꾸준한 훈련을 거쳐야 한다. 글쓰기와 번역을 하려면 열심히 많이 읽어야 한다. 글이 어떻게 구성되는지, 글쓴이가 독자와의 긴장된 상호작용을 어떻게 끌고 가는지 주의 깊게 살펴야 한다.

읽기만으로는 충분치 않다. 쓰기 경험이 필요하다. 그리하여 글쓰기와 번역의 두 번째 공통점은 지속적인 쓰기 연습이 요구된다는 것이다. 이렇게도 써보고 저렇게도 써보면서 내가 독자가 되어 읽기도 하고 주위 사람들을 독자로 만들어 읽히기도 해야 한다. 그러면서 더 좋은 글, 독자가 이해하기 쉬운 글, 독자에게 더 다가가는 글을 쓸 수 있게 된다.

글쓰기와 번역을 가르치는 방법도 그래서 일맥상통한다. 사실을 전달하는 글에서 시작해 의견을 주장하는 글, 문학적인 표현이 풍부한 글까지 다양한 유형을 읽고 쓰는 연습이 반복된다. 장기간의 훈련 축적이 필요한 분야라 한두 학기 만에 큰 교육 성과를 거두기 어렵다는 한계도 양쪽에 모두 존재한다.

우리나라의 글쓰기가 번역에서 크나큰 영향을 받았다는 점도 짚어볼 필요가 있다. 어느 언어든 번역을 통해 표현력을 확장해 가겠지만 특히 한국어는 식민지 시절을 거친 후 갑작스러운 한글 글쓰기 시대에 접어들면서 번역된 글의 홍수에 빠졌고 그 홍수 속에서 문장 쓰기, 문단 구성하기, 장르별 형식 갖추기 등 여러 차원의 한국어 글쓰기가 정립되었기 때문이다(물론 그 과정에서 한국어가 오염되었다는 논란도 많다). 번역과 글쓰기는 동떨어져 있지 않다는 것, 번역 글 역시 한국어 글이라는 큰 범주 안에 포함된다는 것을 확인하게 된다.

이렇게 하여 나는 글쓰기와 번역에 공통분모가 퍽 많다는 결론을 내렸다. 그리고 번역학 전공자로서 글쓰기 선생 노릇을 한다는 상황에 대한 마음의 부담을 좀 덜게 되었다.

나라는 번역가의 한계

책 번역 일을 하는 나는 원서가 번역서로 다시 태어나도록 하는 프리즘 역할을 하고 있다. 프리즘이 어떻게 작동하느냐에 따라 책은 더 영롱해질 수도, 흐리멍덩해질 수도 있을 것이다. 그러니 나라는 프리즘에 대해 생각해 보지 않을 수 없다.

일단 나는 여성 번역가다. 그런데 지금까지 번역한 책 90여 권을 살펴보면 남성 작가가 쓴 것이 전체의 3/4을 차지한다. 여기서 의문이 생겨난다. 나는 남성 작가의 원문을 제대로 옮기고 있을까? 굵고 진중한 남성의 목소리를 가늘고 시끄러운 소리로 바꿔 놓고 있는 것은 아닐까? 이건 나 혼자만의 문제가 아니다. 번역가의 성비에 대한 2009년 조사 결과를 보면 남성이 26퍼센트, 여성이 74퍼센트라고 한다. 정말로 여성 번역가가 남성과는 다른 여성적인 언어로 글을 쓰고 있다면 번역 출판된 도서는 여성 언어로 뒤덮이는 셈이다. 더욱이 우리나라 출판 시장에서 번역 도서의 비중이 대단히 높다는 점을 감안하면 한국어 자체가 여성 언어화되고 있다는 우려까지 가능해진다.

여성 언어의 특징은 무엇일까? 공손한 높임법, 의문문, 부사와 감탄사, 애매한 표현을 더 많이 사용하는 것이라고 한다. TV 드라마 장면을 떠올리면 그런 것도 같다. 여성 인물들은 부사와 감탄사를 동원하는 풍부한 표현력을 보여준다. 높임법과 의문문, 애매한 표현을 통해 상대와 우호적으로 대화하려는 모습도 나타난다. 따지고 보면 본래 여성 언어가 이런 것일 수도 있지만, 미디어와 교육을 통해 여성에게 이런 언어가 주입되고 있을 가능성도 다분하다.

우선 궁금한 점은 여성 번역가가 번역한 글이 여성 언어의 특징을 드러내는지 여부이다. 글을 서술문과 대화문으로 일단 나눠 보자. 동일한 원문을 남성과 여성 번역가가 각각 번역했을 때 대화문에 차이가 났다는 연구가 있다. 여성이 "그렇죠?"와 같은 부가의문문을 생략하는 일 없이 옮겼고 '같아요'라는 애매한 표현을 더 많이 사용했으며 '-구(나)', '-군', '-소' 등 공손성이 떨어지는 종결 문체를 상대적으로 덜 사용했다는 것이다. 반면 내가 직접 비교해 본 사례에서는 그렇지 않았다. 체호프의 단편 〈관리의 죽음〉에 나오는 한 장면을 보자. 오페라 극장의 객석에서 재채기를 한 하급 관리가 자기 앞줄에 고위 관리가 앉은 것을 알고 당황해 사과하고 고위 관리는 괜찮다고 대답을 한다.

남성 번역가

"용서하세요, 각하. 제가 침을 튀겼군요. 본의가 아니었습니다만……."

"아, 앉으세요, 제발! 공연 좀 봅시다."

여성 번역가

"각하! 죄송합니다. 재채기가 그만 튀었습니다… 전혀 그러려고 한 것은 아니었는데…"

"아, 어서 앉게. 연극이나 보자고!"

하급 관리와 고위 관리는 모두 남성이다. 흥미롭게도 남성 번역가는 남성들의 대화를 옮기면서 두루높임의 해요체, 흔히 여성들이 사용한다고 하는 말투를 동원했다. 고위 관리의 고압적인 어조는 오히려 여성 번역가의 대화에서 더욱 두드러진다. 이런 사례를 보면 번역가의 성별이 여성이라고 하여 대화문 번역에서 화자의 성별이나 특성을 고려하지 않고 그저 자신에게 익숙한 여성어로 번역하리라는 생각은 지나치게 단순한 가정으로 보인다.

대화문이 아닌 서술문은 어떨까? 이에 대해서도 번역가의 성별에 따라 차이가 나타난다는 연구가 있다. 여성 번역가가 부사를 더 적극적으로 사용한다는 점이 지적되었다. 남성 번역가가 '배들은 한가로이 흩어져 있었다', '좀 더 낮은 소리로 말씀하세요'라고 옮긴 문장을 여성 번역가는 '띄엄띄엄 흩어져 있는 배들을 볼 수 있었다' '제발 조용조용 말씀하세요'라고 번역했다는 것이다.

마침 대학에서 글쓰기 수업을 하는 입장이라 나도 곰곰이 생각을 해보았다. 학기 초, 글 쓴 학생이 누구인지 모르는 상태에서 읽었을 때 남성인지 여성인지를 추측할 수 있었나? 내 경우에는 그렇지 않았다. 내친 김에 동료 글쓰기 선생님 여섯 명에게도 물어보았다. 글만 보고 글 쓴 학생 성별을 구분할 수 있는지, 또한 구분 가능하다면 남녀의 글 차이는 무엇인지. 글에서 성별이 드러나느냐는 질문에는 정확히 의견이 절반으로 갈렸다. 절반인 세 명만이 성별 구분이 가능하다고 하였다. 그리고 차이점으로는 여학생의 경우 문장이 더 간명하고 예시가 일상적인 경향이 있다고 하였다(이와 상반되는 연구 결과도 있다. 대학생이 쓴 글을 비교했더니 여학생들이 복문 위주의 복잡한 문장을 더 많이 쓰더라는 것이다). 어떤 글을 쓰는지도 변수가 된다. 엄격한 형식을 요구하지 않는 에세이 글에서는 성별 차가 드러나지 않지만 논리적 구조를 갖춰야 하는 소논문에서는 차이가 나타난다는 의견이었다.

자, 그럼 결론은 어떻게 내려야 할까? 대화문이든 서술문이든 여성 언어의 특징이 무엇이라고 뚜렷이 밝히기는 어려운 상황이다.

다만 여성 번역가로서 나는 여성 언어라는 것이 실제로 존재하고 그것이 내 번역에 반영될 수 있다는 가능성은 늘 기억하려 한다. 남성 작가의 원문, 남성 등장인물의 대화를 옮기는 상황에서 무심코 익숙한 문체를 사용하는 대신 작품 특성과 상황 맥락을 반영하는 표현 방법을 충분히 고민해야 하는 것이다.

 여성이라는 점 외에도 나라는 프리즘에는 여러 요소가 존재한다. 나이도 그 중 하나이다. 어린이 대상 책이나 영화 번역은 젊은 사람이 맡아야 어린이에게 훨씬 친밀감 있는 결과물이 나올 수 있다는 주장을 들은 적이 있다. 20대를 겨냥하는 책이나 영화도 아마 마찬가지일 것이다. 그럼 50대인 나는 50대 이상의 사람들을 위해서만 번역해야 하는 걸까?(굶어 죽기 딱 좋은 상황이다).

 이런 주장의 근거는 번역가의 나이에 따라 한국어가 달라진다는 것이다. 언어는 시대에 따라 변화하는데 과거의 한 시점에 적극적 언어 습득과 학습을 끝낸 사람은 이후 변화된 언어 특성을 반영하지 못해 어느새 고루한 한국어를 쓰게 된다는 것. 그럼 이런 반격이 가능하다. 번역가는 지속적으로 언어를 학습하고 그 결과 나이를 먹을수록 여러 세대의 한국어를 차곡차곡 축적해 나가게 된다고, 그리하여 독자의 특성을 고려한 다양한 언어를 사용할 수 있다고. 어떻든 여기서도 교훈을 얻게 된다. 대상 독자가 누구인지 잘 판단해 그 독자에게 가 닿을 수 있는 한국어를 써야 한다는 교훈이다.

나라는 프리즘에는 이렇다 할 전문 분야가 없다는 특징도 있다. 이건 분야를 가리지 않고 번역 일을 맡을 수 있게 해주니 장점인 동시에 확실히 내 것이라고 할 만한 일이 없으니 약점이기도 하다. 언어 능력을 갖춘 사람과 해당 분야 전문 지식을 갖춘 사람 중에 누가 번역 일을 하는 것이 적절하냐는 해묵은 질문이 있다. 어떤 상황에서 어떤 텍스트를 다루는지 고려하지 않고 답하기는 어렵지만 어떻든 꽤 많은 사람들이 후자를 선호한다. 문제는 전문 지식을 갖춘 사람들의 언어 능력이 번역하기에 충분치 못한 경우가 많다는 것이다. 나는 통번역대학원을 다니면서 어떤 분야의 어떤 주제를 만나든 부지런히 정보를 수집하고 공부하면 처리할 수 있다고 배웠고 지금도 그렇게 믿고 있다. 다시 말해 언어 능력이 기본이고 그 위에 전문 지식을 보강하면 된다는 생각이다. 한 분야만 고집하다가는 번역 일을 지속하기 어렵다는 시장 상황도 여기서 한몫을 한다.

《반지의 제왕》 번역본 출간 후, 마블과 DC코믹스 원작의 히어로 영화들 개봉 후 거센 번역 비판이 일어나는 모습을 보면서 나는 마니아 층이 확실히 존재하는 판타지나 히어로물은 아무나 번역해서는 안 되겠구나, 생각했다. 마니아를 위한 번역은 마니아만이 할 수 있을 것 같다. 마니아들도 그걸 기대하고 말이다. 이런 쪽은 어쩌면 극단적인 전문 분야인지도 모르겠다.

친한 선배 한 분이 "넌 찐한 연애소설은 번역 안 하는 게 좋겠어.

문장이 너무 건조하잖아."라고 말씀해 준 적이 있다. 정말 그렇다면 내 프리즘은 연애소설을 제대로 통과시키지 못하는 종류일 것이다. 편집자들도 똑같은 생각을 하는지 지금껏 한 번도 절절한 연애소설 번역은 맡아 보지 못했다. 프리즘 성능을 한번 시험하고 싶긴한데 말이다.

번역을 공부하는 이유

번역을 공부한다고 하면 의아하다는 반응이 나오곤 한다. "대체 뭘 공부한다는 거야? 그냥 번역을 잘하면 그만이지." 번역은 지식이 아니라 기술이고 따라서 연구가 아닌 훈련이 필요하다는 생각에서 나오는 말이다. 일리가 있다. 번역은 논의의 대상이 되기에 앞서 결과물로서 늘 우리 곁에 존재해 왔으니 말이다. 하지만 기술도 경지에 오르려면 연구 개발이 필요한 법이다.

번역을 '잘한다'는 것에서 출발해 보자. 번역을 잘한다는 것은 무엇을 의미할까? 그 기준을 정하는 사람은 누구일까? 번역을 하는 사람? 번역을 읽는 사람? 번역을 하도록 시킨 사람? 원문을 잘 아는 사람? 여기서부터 이미 복잡해진다. 번역을 잘하려면 어떻게 해야 하는가 생각해 보면 한층 더 복잡하다. 원문이 거칠고 이해하기 어렵게 쓰여 있다면 번역문도 최대한 거칠고 이해가 안 가도록 해야 할까? 아니면 매끈하고 이해하기 쉽게 만들어 줘야 할까? 매끈하게까지는 아니라 해도 독자가 그럭저럭 이해할 수 있도록 번역가가 손을 봐 줘야 할까? 원문에 등장하는 어휘나 개념이 독자에게 낯설고 어려운 것이라면 번역가가 설명을 넣어 줘야 할까?

번역을 다루는 학문, 번역학은 이런 질문들을 고민하고 방향을 찾으려 한다. 물론 이 질문들이 전부는 아니다. 번역학의 연구 대상은 참으로 방대하다. 게다가 시간이 흐르면서 점점 더 방대해지고 있다는 느낌이다. 번역의 양상, 번역에 영향을 미치는 요소들이 계속 등장하기 때문에 그렇다.

번역에 대한 관심은 텍스트를 다른 언어로 옮겨야 할 필요에서부터 출발했다. 그 텍스트는 다름 아닌 성경과 기독교 종교서였다. 성경 말씀이 이러이러한데 번역문은 왜 이러이러하지 않은가에 대한 비판이 종종 일어났다. 그 결과 번역가를 파문하거나 화형에 처하는 일도 드물지 않았다. 성스러운 말씀 한 구절이라도 잘못 번역했다가는 황천 행인 셈이었다. 텍스트가 번역의 모든 것이던 시절의 이야기이다.

이후 텍스트뿐 아니라 독자를 고려해야 한다는 주장이 생겨났다. 불가침의 원문을 향해 독자를 끌고 가기보다는 원문을 독자 쪽으로 끌어가야 한다는, 그리하여 독자가 자기 문화권에서 쓰인 글을 읽듯 자연스럽게 읽을 수 있고 원문이 의도한 효과가 번역문 독자에

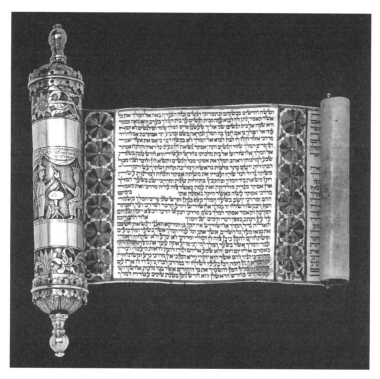

초기의 번역 텍스트 대다수는 성경과 기독교 관련 종교서였다. 서로 다른 언어권 사람들에게 하느님의 성스러운 말씀을 전하는 방도로 성격 번역본이 필요했기 때문이다. 사진은 19세기 이라크 종파들이 만든 〈에스델서〉 번역본 두루마리의 일부이다.

게서도 나타날 수 있도록 해야 한다는 것이다. 이로부터 원문의 유지가 중요하냐, 번역문 독자에 대한 고려가 중요하냐를 두고 오랜 논쟁이 이어졌다. 텍스트의 종류도 성경에서 문학으로 넓혀졌다.

번역 과정은 텍스트와 독자로만 이루어지지 않는다. 번역을 실제로 행하는 번역가가 존재한다. 번역가의 자질과 능력은 어떠해야 하고 실제로 어떠한지, 번역가가 어떤 대우를 받으며 어떤 역할을 담당하는지, 번역가의 개인적 특성이 번역에 어떤 영향을 미치는지를 살펴볼 필요가 있다. 그런데 번역가의 번역관이나 번역 전략은 온전히 개인적 취향으로 결정되는 것이 아니다. 시대적 배경, 사회문화적 요소들이 작용하기 때문이다. 시대와 사회가 기대하고 요구하는 번역의 모습은 어떠한지, 누가 어떤 목적으로 어떤 텍스트의 번역을 의뢰하는지 등을 고려해야 하는 것이다. 이들 변수에 따라 번역에서 일부 내용이 바뀔 수도, 일부분이 삭제될 수도, 원문에 없던 부분이 추가될 수도 있다. 번역된 결과물이 도서 형태라면 제목이 어떻게 정해지는지, 표지는 어떤 모습인지도 번역학의 관심사가 된다.

최근에 와서는 번역의 주체가 다양해졌다. 번역을 업으로 삼지 않는 아마추어 번역가, 여러 명이 인터넷상에서 협력하여 힘을 합치는 클라우드소싱 번역, 번역 보조 프로그램을 활용하는 번역, 기계 번역 등등. 번역의 대상 또한 다양해져 이제 문학보다는 경제 및 법률 문서, 각종 영상물, 공연 작품, 게임, 노래 등이 전체 번역 현상에서 훨씬 더 큰 비중을 차지하는 시대가 되었다.

번역이 서로 다른 언어 사이에 일어나는 작업이라는 경계도 무너지고 있다. 어른을 위한 작품이 어린이용으로 어떻게 변모하는가, 글로 쓰인 작품이 영상물로 만들어지면서 구성 요소들이 어떻게 선택되고 구현되는가, 기계가 해놓은 번역을 어떻게 가공하여 품질을 높일 것인가 등을 다루는 연구자들이 대폭 늘어난 것이다.

그리하여 번역학이라는 한 울타리 안에서 관심사와 연구는 수많은 갈래로 나타난다. 작가론이나 작품론을 중심으로 번역을 분석하는 문학적 접근이 있는가 하면, 번역 현상을 어떻게 바라보고 어떤 마음가짐으로 임해야 하는지 고찰하는 철학적 접근이 있다. 기대되는 역할을 수행하지 못한 번역가를 질타하는 논의가 있는가 하면, 번역과 번역가가 처한 열악한 상황을 파헤치는 고발이 있다. 성경과 불교 경전의 번역 방법을 모색하는 전통적 흐름이 이어지는 한편에서는 번역가 머리에 전극을 달아 뇌파 흐름을 살피거나 눈동자 움직임을 추적하는 과학적 분석이 시도된다. 이렇듯 다양한 번역학 공부 방법 자체가 번역학이 지나온 경로와 발전 방향을 드러내 준다.

번역 현상, 그리고 이를 바라보는 번역학에는 인류가 거쳐 온 역사가 담겨 있다. 성경이 유일무이한 최고의 텍스트였던 시대, 번역을 하고 또 읽는 '인간'이라는 존재에 눈을 돌리게 된 시대, 교역과 문화교류가 활발해 실용적 번역 수요가 급증했던 시대, 식민지 정복과 냉전 등 시대 상황을 정당화하고 유지하는 것이 번역의 목적이던 시대, 과거 극복이 번역의 화두가 된 시대, 과학기술이 부상해 번역의 한 부분을 차지하는 시대, 누구든 인터넷 공간에서 번역을 내놓을 수 있게 된 시대…….

번역은 인류 역사와 궤를 함께했고 지금도 시대 흐름에 따라 변신과 확장을 반복하는 중이다. 그러니 번역을 공부하는 것은 나와 우리, 더 나아가 인류를 이해하는 한 방법이 된다. 번역을 공부해야 하는 이유는 바로 여기 있다.

맺음말

　"여기도 한번 와 봐야지!"라는 전화기 너머 친구 말에 바로 비행
기 표를 사서 갔던 곳이 키르기스스탄이었다. 파편 형태이던 이 책
의 구상을 친구 집에 머물면서 구체화했다. 2016년 여름이었다. 혼
자 비슈케크를 돌아다니며 구경하다가 지치면 집에 돌아와 컴퓨터
앞에 앉았다. 그런 상황 때문인지 친구가 휴가까지 내어 데려가 준
이시쿨 호수(높은 산맥 위에 바다처럼 넓은 호수가 펼쳐진 신기한 곳이
다)보다 더 기억에 남은 것은 고유문자가 없는 키르기즈어의 상황
이었다. 러시아의 정치적 문화적 지배가 오래 이어진 결과 지금 키
르기즈어는 생존이 위태로운 구어로만 남아 있다. 정치적 사회적
활동은 러시아어로 이루어진다. 키르기즈어를 표기할 때도 러시아
문자를 사용해야 하니 러시아어의 침투는 더더욱 불가항력이다. 한
글이 없었다면 일본의 식민 지배 후 우리도 일본의 히라가나 혹은
미국의 알파벳으로 한국어를 적어야 했을 것이다. 한국어는 오래

살아남기 어려웠을 테고 말이다.

 2020년, 전염병 사태로 집에 처박혀 지내게 되면서 오래 묵은 것들을 정리하고 내버릴 짬이 났다. 통번역대학원에 다녔을 때의 자취인 카세트테이프, 의학이니 과학기술이니 하는 전문용어 사전들이 잔뜩이었다. 워크맨을 들고 다니면서 내가 하는 연습 통역을 녹음하고 번역 한 번 하려면 책상이 비좁도록 온갖 사전을 늘어놓아야 했던 일들이 새삼 떠올랐다. 핸드폰이나 인터넷이 없던 시절, 검색 대신 사전과 직접 만든 용어집을 사용하고 이메일 대신 팩스나 오토바이 배달로 번역문을 보내던 시절이었다. 통번역이라는 일의 본질은 그대로지만 방식은 참 많이 바뀐 셈이다. 오로지 머릿속 지식에 의존해 양피지에 깃털 펜으로, 혹은 화선지에 붓으로 번역문을 써 내려갔을 먼 옛날 선배님들에까지 생각이 미치면 숙연해진다.

 긴 세월 동안 번역 활동의 맥을 이어온 분들 덕분에 오늘 내가 있다. 한글을 고안하고 소중히 사용하며 보존해 온 분들 덕에 지금 내가 한국어로 번역을 한다. 얼마 후면 나 역시 그 흐름의 작은 거품으로 사라지겠지만 흐름 자체는 계속 이어지리라 믿는다. 종이와 잉크를 굳이 낭비하면서 이 책을 내는 이유가 무엇일까 고민을 했다. 애써 찾은 결론은 이렇다. 흐름 속 하잘것없는 존재의 경험과 생각일지언정 붙잡아 기록해 둔다면 큰 흐름을 바라보는 데 혹시 보탬이 되지 않을까.

　번역을 가르친 이야기에 등장하는 사례들 대부분은 한국외대 통번역대학원 한노과의 번역 강좌들, 연세대 학부대학 교양 강좌 'Professional Translation', 아주대 영문과 번역 강좌에서 나온 것임을 마지막으로 밝혀둔다.

2020년 초가을,

이상원

번역은 연애와 같아서

첫판 1쇄 펴낸날 2020년 10월 30일

지은이 | 이상원
펴낸이 | 지평님
본문 조판 | 성인기획 (010)2569-9616
종이 공급 | 화인페이퍼 (02)338-2074
인쇄 | 중앙P&L (031)904-3600
제본 | 에스제이피앤피 (031)942-6006

펴낸곳 | 황소자리 출판사
출판등록 | 2003년 7월 4일 제2003-123호
주소 | 서울시 종로구 송월길 155, 경희궁자이 오피스텔 4425호
대표전화 | (02)720-7542   팩시밀리 | (02)723-5467
E-mail | candide1968@hanmail.net

ⓒ 이상원, 2020

ISBN 979-11-85093-99-4 03700